EDITION A LA CARTE

KLAUS FLEISCHHAKER & JÜRGEN VIGNE

DAS PFEFFERSCHIFF KOCHBUCH

GENIESSERRESTAURANT PFEFFERSCHIFF
Söllheim 3, 5300 Hallwang bei Salzburg, Tel.: 0662/66 12 42
restaurant@pfefferschiff.at, www.pfefferschiff.at

GENIESSERHOTEL ROSENVILLA
Höfelgasse 4, 5020 Salzburg, Tel.: 0662/62 17 65
hotel@rosenvilla.at, www.rosenvilla.com

HOTEL RATHAUS WEIN & DESIGN
Lange Gasse 13, 1080 Wien, Tel.: 01/400 11 22
office@hotel-rathaus-wien.at, www.hotel-rathaus-wien.at

EDITION A LA CARTE

Ein A la Carte-Kochbuch im D+R Verlag

Redaktion und Konzept Christian Grünwald, Claudia Schemerl-Streben
Chefin vom Dienst Katharina Kunz
Fotos Helge Kirchberger, www.helge-kirchberger.at, Petr Blaha (S. 15, 168, 170), Herbert Lehmann (S. 168), Alexi Pelekanos (S. 80, 140, 142)
Art Direktion Uschka Jeschko
Grafik Sarka Langer-Dejmalova
Prepress & Bildbearbeitung Martin Painhart
Lektorat Martin Grill, Charlotte Richter, Katharina Götsch
Produktion Martina Fasching

Reproduktion Repromedia, 1110 Wien
Druck Ueberreuter Print, 2100 Korneuburg, printed in Austria
Hersteller D+R Verlag, Leberstraße 122
1110 Wien, Telefon: +43/1/740 77-0
www.alacarte.at, www.dundr.at

ISBN 978-3-902469-21-2

INHALT

EINLEITUNG
Aus der Praxis

Im Restaurant *Pfefferschiff* in Hallwang wird an Samstagen viermal gekocht. Zweimal für die Gäste und zweimal für die Crew. Patron Klaus Fleischhaker ist der erste, der in der Küche steht. Um 8 Uhr früh hackt er Schnittlauch, schneidet Käse, füllt selbst gemachte Marmeladen in kleine Schüsseln und wirft die Kaffeemaschine an. Auf der Tagesordnung steht als erster Punkt nicht die Vorbereitung der Gerichte, sondern das Frühstück für das Team: Eierspeis mit Kräutern, Käse und Schinken vom Bauern sowie Brot vom Bäcker aus Obertrum kommen auf den Tisch – gemeinsame Mahlzeiten sind Fleischhaker wichtig.

Vier Stunden später ist das Restaurant bis auf den letzten Platz besetzt. Die Crew steht in der Küche, der Betrieb läuft auf Hochtouren und Gerichte wie Alpenlachs mit Balsamicomarinade und Selleriecannelloni oder Zweierlei vom Reh mit heißem Apfelchutney und Kipferlschmarren verlassen den Pass im Minutentakt. Fleischhaker schwört auf regionale Zutaten von Produzenten, die er persönlich kennt. Schon vor über 20 Jahren hat er Hummer und Steinbutt von der Karte verbannt und durch Reinanke und Saibling ersetzt. „Ich brauche keinen Fisch aus anderen Ländern, wenn ich ihn frisch gefangen aus dem See haben kann, und ich genier' mich auch nicht, eine Blutwurst auf die Karte zu setzen." Seiner Liebe zum heimischen Produkt ist der Spitzenkoch treu geblieben. Er verarbeitet nur beste saisonale Ware von Weide, Acker, Wald, Wasser und Garten. Jedes Rezept in Fleischhakers Kochbuch wurde in seinem Restaurant schon einmal serviert – Geheimnisse gibt es nicht. „Kochen muss man sie aber selbst."

Als Sohn einer Wirtsfamilie wurde Klaus Fleischhaker der Kochlöffel schon früh in die Hand gedrückt. Ein anderer Beruf als Koch kam für den gebürtigen Waldviertler nie in Frage. Erste Erfahrungen mit der Spitzengastronomie machte er bei Werner Matt. Danach zog es ihn für eineinhalb Jahre ins *Grand Hotel* in Stockholm und für drei Jahre ins Hotel *Steigenberger* in

DAS PFEFFERSCHIFF-TEAM: *obere Reihe v. l. n. r.:* Vanessa Baumgartner, Jürgen Vigne, Christopher Fleischhaker, Iris Vigne, Petra Fleischhaker, Klaus Fleischhaker. *untere Reihe v. l. n. r.:* Barbara Breitfuß, Roland Huber, Kathrin Josiger, Vikret Suljemani, Sebastian Engelhardt, Jeannine Gruson, Matthias Fuchsberger, Josef Hochmeister

Davos in der Schweiz, bevor er sich wieder der heimischen Gastronomie zuwandte. Nach seinem ersten Küchenchef-Posten im *Ruster Seehotel* bekam er das Angebot, nach Salzburg, genauer ins Hotel *Schloss Fuschl*, zu ziehen. Zur Verfügung standen ihm ein Team aus 25 Köchen und eine internationale Produktvielfalt der Luxusklasse. Fleischhaker setzte aber auf Regionalität, und das zu einem Zeitpunkt, als sie in der heimischen Gourmetszene noch nicht inflationär war. Ausschlaggebend war ein Seminar beim deutschen 3-Sterne-Koch Dieter Müller: „Er hatte ein Prachtexemplar einer Seezunge in der Hand: ein Kilogramm schwer, schön, fleischig, eins a. Ich hätte sie sofort verarbeitet. Dieter Müller aber riecht daran, macht den Mistkübel auf, wirft den Fisch rein und lässt den Deckel zuschnalzen. Für mich war das ein Schlüsselerlebnis. Ich bin ins Restaurant zurückgefahren und habe die Karte sofort umgeschrieben. Kellner, die schon 25 Jahre im Haus gearbeitet haben, konnten nicht glauben, dass ich Hummer und Steinbutt durch Forelle und Saibling ersetzte. Wir haben einfach alles angeboten, was der Fuschlsee hergibt. 30 bis 40 Kilogramm Fisch wurden täglich auf der Terrasse flambiert und über Fenchelholz geräuchert – die Gäste waren begeistert."

Vier Jahre später machte sich der Spitzenkoch mit seiner Frau, Petra Fleischhaker, einer Autodidaktin in Sachen Wein, selbstständig und übernahm den *Salurnerhof* in Elsbethen, der innerhalb kürzester Zeit zu den Top-adressen Salzburgs zählte. 1991 verlagerte Fleischhaker seine Wirkungsstätte aus Platzgründen nach Hallwang, in dem sich ein 400 Jahre altes Pfarrhaus neben einer rosaroten Kapelle wie selbstverständlich in die land-schaftliche Idylle einbettet. Die Stammgäste vom *Salurnerhof* folgten den beiden. „Wir haben am 24. Jänner aufgesperrt und hatten den ersten freien Tisch erst am 12. Oktober", erzählt Petra Fleischhaker stolz.

S ACS 36

DIE ROSENVILLA, das Hotel der Familie Fleischhaker in der Stadt Salzburg, geführt von Stefanie Fleischhaker

Nicht nur die Salzburger schätzen die geschmackskonzentrierte, verfeinerte österreichische Küche „ohne Schnickschnack", wie Fleischhaker gerne betont, auch das internationale Publikum von Berlin bis New York weiß, dass man auch außerhalb der Festspielzeit rechtzeitig reservieren muss. Das liegt an der Küche der *Pfefferschiff*-Crew – die vom Patron und seinem Küchenchef Jürgen Vigne geleitet wird –, dem kompetenten Service, dem gut sortierten Weinkeller und der Ungezwungenheit, die das Restaurant schon beim Betreten ausstrahlt. Highlights wie Blunzengugelhupf, Rehfilet im Kakaomantel und Schwarzbeerdatschi werden von den Gästen regelrecht eingefordert: „Wenn ich die auf der Karte habe, kann ich alles andere einrexen."

Der Beharrlichkeit der Gäste ist es auch zu verdanken, dass Fleischhaker 1996 ein Villenhotel in Salzburg Stadt eröffnet hat. Geführt wird die *Rosenvilla* von Tochter Stefanie, die sich anfänglich erfolgreich gegen die Branche wehrte, mittlerweile aber selbstbewusste Direktorin ist. Das charmante Hotel ist 10 Gehminuten von der Altstadt entfernt, mit modern designten Zimmern sowie jeglichem Komfort ausgestattet und punktet mit einem üppigen Genießerfrühstück, das selbst die Salzburger als À-la-carte-Angebot für sich entdeckt haben. Die Gästeschar der *Rosenvilla* setzt sich aus Salzburg-Touristen und bekennenden Gourmets zusammen, denen man kulinarische Packages schnürt und die auf Wunsch im Rolls-Royce von der pulsierenden Festspielstadt in das beschauliche Hallwang chauffiert werden.

Auch Kochkurse hält der umtriebige *Pfefferschiff*-Patron in regelmäßigen Abständen ab, bei denen er bereitwillig so manchen Trick preisgibt und am Ende des Tages sogar Rezepte aushändigt. Für einige Spitzenköche undenkbar, für Fleischhaker eine Selbstverständlichkeit.

Der erste Eindruck lässt bei dem Hünen eher auf einen verschlossenen Menschen schließen. Doch das ändert sich schnell: Angesprochen auf die beschauliche Idylle, in der er lebt, wird Klaus Fleischhaker zum enthusiastischen Erzähler. Er ist Fischer, Jäger, Gärtner, Beobachter und Ästhet – der in und mit der Natur lebt und ihr den gebührenden Respekt zollt.

WEIDE

Bei Fleisch, Wurst und Schinken setzt der Gastronom auf einen Pool ausgesuchter Produzenten. Einen weiten Weg hat die Blunzen mit 324 Kilometern hinter sich, die von der Waldviertler Metzgerei des Bruders kommt.

WEIDE

„Es muss ja nicht immer etwas eingeflogen werden, wie ein Ibérico aus den Eichenwäldern Spaniens, wenn ich hier Produkte habe, die damit allemal mithalten können." Wenn es um Schinken und Fleisch geht, vertraut Fleischhaker dem Hallwanger Metzger Auernig, der auch andere Spitzenrestaurants mit Topware beliefert und der dem Spitzenkoch Wünsche erfüllt, die nicht alltäglich sind. Spezialbestellungen werden auch für Wild und den Klassiker auf der Speisekarte, den Blunzengugelhupf, aufgegeben.
Adressat ist Fleischhakers Bruder, der im Waldviertel eine Metzgerei besitzt.
„Er macht einfach die beste Blutwurst", ist der Gastronom überzeugt. „In die Wurst kommt relativ viel Schweinefleisch hinein, gerösteter Grieß, Zwiebel und Knoblauch. Deshalb kann man sie auch kalt mit Senf als Jause essen."
Eine andere Delikatesse kommt aus Rust: der Mangalitza-Lardo von Richard Triebaumer, den Klaus Fleischhaker in seiner Zeit als Küchenchef im Ruster Seehotel schätzen gelernt hat: „Der Bursch ist genauso ein Qualitätsfanatiker wie ich und sein Lardo ist einfach spitze. Wer den Auslauf der Schweindeln kennt und schon einmal den Urwald aus Maisfeldern und altem Obstbaumbestand gesehen hat, durch den sie laufen, weiß warum."

BEIRIED
bei Niedertemperatur gebraten

Ein kraftvolles Rezept, das zwar etwas mehr Zeit in Anspruch nimmt, für das sich der Aufwand aber lohnt

4 PERSONEN

Zubereitungszeit ca. 90 Minuten, für den Kalbsjus ca. $2\frac{1}{2}$ Stunden

Knoblauchzehen	4 Stück
Beiried (leicht gebunden)	800 g
Öl zum Braten	
Thymianzweig	1 Stück
Rosmarinzweig	1 Stück
Polenta (siehe Rezept auf S. 152)	
junge Knoblauchzehen	2 Stück
kleine weiße Rüben (geschält, halbiert)	200 g
Frühlingszwiebeln (geputzt, halbiert)	8 Stück
kleine Karotten (geschält)	8 Stück
Butter	
Zucker	
Gemüsefond oder Mineralwasser	
Kalbsjus (siehe Rezept auf S. 158)	200 ml
Salz, Pfeffer	

- Backrohr auf 90 °C vorheizen. Knoblauchzehen schälen. Fettabdeckung des Beirieds fein einschneiden, binden, mit Salz und Pfeffer würzen und in einer Pfanne rundum in heißem Öl anbraten. Im letzten Moment Knoblauchzehen, Thymian- und Rosmarinzweig zugeben. Beiried aus der Pfanne nehmen, das Bratenfett zur Seite stellen.
- Fleisch auf ein Blech legen und im vorgeheizten Rohr 30–40 Minuten braten.
- Inzwischen Polenta laut Rezept zubereiten.
- Für das Frühlingsgemüse junge Knoblauchzehen schälen und gemeinsam mit weißen Rüben, Frühlingszwiebeln und Karotten in einer großen Pfanne mit etwas Butter, Salz, Pfeffer und Zucker anbraten. Nach und nach mit etwas Fond oder Mineralwasser ablöschen und die Flüssigkeit immer wieder einkochen lassen. Sobald das Gemüse weich ist, sollte die Flüssigkeit verdampft sein.
- Kurz vor dem Servieren das Beiried im Bratenfett nochmals braten und mit Frühlingsgemüse, Polenta und Kalbsjus servieren.

TIPP

Je nachdem, ob das Beiried blutig, rosa oder durch sein soll, sind bei gleichbleibender Garzeit folgende Kerntemperaturen zu beachten: rare 49 °C, medium 54 °C, well done 60 °C.

HILL 1 – WEINGUT HILLINGER

Dunkelfruchtige, explosive Nase, der Gaumen bombastisch fruchtig und sehr kraftvoll, Tannine reif und perfekt gedeckt von der dichten Struktur, sehr langes Finale.

RINDERBRUSTSPITZ im Vakuum gegart, mit Wurzelgemüse, Liebstöckelfond und Semmelkren

Durch die Vakuummethode und die lange Garzeit bei Niedrigtemperatur bleibt das Fleisch besonders zart und saftig.

4 PERSONEN

Zubereitungszeit 1¼ Stunden, zum Garen ca. 36 Stunden

Rinderbrustspitz (küchenfertig)	800 g
Salz, Pfeffer	
Butterschmalz	
Zwiebeln (geviertelt)	120 g
Karotten (in Scheiben)	120 g
Knollensellerie (gewürfelt)	120 g
Thymian, Rosmarin	
Pfefferkörner	
Lorbeer	
Wacholder	
Semmelkren (siehe Rezept auf S. 152)	
junges Suppengemüse (essfertig)	250 g
kräftiger Gemüsefond	400 ml
Liebstöckelstängel	1 EL
Liebstöckelblätter (in Streifen geschnitten)	1 EL

- Backrohr auf 80 °C vorheizen. Rinderbrust mit Salz und Pfeffer würzen, anschließend in einer Pfanne in Butterschmalz auf beiden Seiten kräftig anbraten.
- Zwiebeln, Karotten und Knollensellerie ebenfalls in einer Pfanne goldgelb anbraten und mit Salz, Pfeffer, Thymian, Rosmarin, Pfefferkörnern, Lorbeer und Wacholder abschmecken.
- Das Fleisch gemeinsam mit dem Gemüse in einen Vakuumsack füllen und vakuumieren. In einen Topf legen und mit kochend heißem Wasser auffüllen. Mit einem Deckel schließen und im vorgeheizten Rohr 36 Stunden garen.
- Semmelkren laut Rezept zubereiten.
- Das Suppengemüse in Gemüsefond mit den Liebstöckelstängeln ca. 15 Minuten bei kleiner Hitze kochen. Stängel aus dem Fond entfernen.
- Den Vakuumsack aufschneiden, das Röstgemüse entfernen und die Rinderbrust in Scheiben schneiden. Liebstöckelfond in tiefe Teller gießen und Liebstöckelblätter darüberstreuen.
- Rinderbrust und Suppengemüse auf dem Teller platzieren und anrichten. Semmelkren extra servieren.

TIPP

Wer keinen Vakuumierer zu Hause hat, lässt sich das Fleisch inklusive Gemüse vom Fleischhauer seines Vertrauens vakuumieren.

BLAUFRÄNKISCH GMÄRK – WEINGUT ERNST TRIEBAUMER

Einladende, reife Aromatik von saftigen schwarzen Kirschen, elegante Frucht mit feiner Würze, zarte Zimtanklänge, präzise strukturiert mit wunderbarer Balance, anhaltend im Abgang.

KALBSZUNGE
auf Rote-Rüben-Spaghetti

Molekularküche im Salzburgerland: ein Rezept, in dem aus Rote-Rüben-Saft Pasta entsteht

4 PERSONEN

Zubereitungszeit ca. 1½ Stunden

Rote-Rüben-Saft	500 ml
Ingwer (frisch gerieben)	
Korianderblätter	
Salz, Pfeffer	
vegetarische Gelatine (von Sosa)	28 g
Äpfel	2 Stück
naturtrüber Apfelsaft	70 ml
Zitronensaft	
Kren (frisch gerieben)	
Kalbszungenfond oder Rindsuppe	80 ml
Zucker	1 Prise
etwas Xantana (fermentierte Maisstärke)	
Balsamico	
frischer Estragon (geschnitten)	
gepökelte Kalbszunge (gekocht)	1 Stück
iSi-Flasche	
Silikonschläuche	
Spritze	

- In einer Schüssel Rote-Rüben-Saft mit Ingwer, Korianderblättern, Salz und Pfeffer verrühren und 1 Stunde ziehen lassen.
- Rübensaft durch ein feines Sieb gießen und in einem Topf mit der pflanzlichen Gelatine aufkochen. Saft mithilfe einer Spritze in Silikonschläuche füllen und im Kühlschrank ca. 30 Minuten fest werden lassen.
- Das Gel aus roten Rüben mit einer iSi-Flasche mit Aufsatz aus den Schläuchen pressen und auf einem Teller zu einer Schnecke formen.
- Äpfel schälen, in Streifen schneiden und in einer Schüssel mit Apfelsaft, Zitrone und Kren marinieren.
- Für die Vinaigrette Kalbszungenfond mit Salz, Pfeffer, einer Prise Zucker, Xantana und Balsamico verrühren und mit Estragonstreifen abschmecken.
- Kalbszunge in Scheiben schneiden, mit dem Apfelsalat füllen und behutsam einrollen. Auf die Rote-Rüben-Nudeln setzen und mit Vinaigrette marinieren.

RIESLING GAISBERG – WEINGUT HIRSCH

Helle Tropenfrucht nach Maracuja und Ananas, zarter Blütenhonig, Hauch von Lemongrass, rauchige Mineralik, hochelegant, finessenreiche Säurestruktur, saftig und ausgewogen.

TIPP

Alle Utensilien sowie die pflanzliche Gelatine und die fermentierte Maisstärke Xantana sind über den Onlineshop *www.spiceworld.at* erhältlich.

KALBSLEBERPARFAIT mit Vanille, Korinthen und Gewürzbutter

Nicht nur Aroma pur, sondern durch die Präsentation im Weckglas auch ein Eyecatcher

- Portwein, Weinbrand und Sherry mit Pökelsalz, Meersalz und Vanillezucker aufkochen. Vom Herd nehmen, auskühlen lassen und Leber in einer Schüssel bei Raumtemperatur mindestens 6 Stunden darin marinieren.
- Backrohr auf 80 °C vorheizen. Vanilleschote aufschneiden, das Vanillemark mit einem Messer herauskratzen und zur Seite stellen. Die Gewürzbutter warm stellen. Sie soll eine Temperatur von 30 °C haben.
- Die marinierte Leber faschieren, durch ein Haarsieb streichen und mit Ei, Vanillemark und Bergpfeffer im Thermomix ca. 1 Minute passieren.
- Lauwarme Gewürzbutter mit der Lebermasse bei mittlerer Stufe im Thermomix aufschlagen, bis die Masse sämig wird. Korinthen dazugeben und nochmals abschmecken.
- Masse in Weckgläser füllen, verschließen und im Wasserbad ca. 30–40 Minuten im vorgeheizten Rohr pochieren.

TIPP

Ist die Gewürzbutter zu kalt, flockt sie während des Mixvorgangs aus und die Masse gerinnt. Die Lebergrundmasse und die Gewürzbutter sollten daher gleich warm sein.

EXOT – WEINGUT DZ DANNER

Familiäre Bande verbinden Petra Fleischhaker mit dem Weingut DZ, daher zu diesem Gericht eine grenzüberschreitende Weinempfehlung!
Exot ist ein weiß gekelterter Pinot mit Anklängen an Litschi und Banane, würzige Fruchtfülle, pikante Säure, feinfruchtig am Gaumen.

12 PERSONEN

Zubereitungszeit ca. 1 Stunde, zum Marinieren ca. 6 Stunden

Portwein	25 ml
Weinbrand	25 ml
Sherry	25 ml
Pökelsalz	5 g
Meersalz	5 g
Vanillezucker	3 g
Kalbsleber (küchenfertig)	500 g
Vanilleschote	1 Stück
Gewürzbutter, 30 °C (siehe Rezept auf S. 153)	300 g
Ei	100 g
Bergpfeffer, geschrotet	1 TL
Korinthen	2 EL
Weckgläser	12 Stück

LAMMRÜCKEN in der Olivenkruste auf Melanzaniragout

Ein raffiniertes Rezept für Lamm-Aficionados: Karree auf mediterrane Art

4 PERSONEN

Zubereitungszeit ca. 1 Stunde

Butter	25 g
Salz, Pfeffer, Cayennepfeffer, Thymian	
Weißbrotbrösel	50 g
pürierte Oliven	1/2 TL
schwarze Oliven (gehackt)	15 g
Lammkarree (zugeputzt mit Ripperl)	400 g
Knoblauchöl (siehe Rezept auf S. 149)	
Thymian, Rosmarin	
Melanzani	250 g
Balsamico	
Sesamöl	
frische Thymianblätter	1 TL

- Für die Olivenkruste Butter mit Salz, Pfeffer, Cayennepfeffer und Thymian schaumig schlagen.
- Weißbrotbrösel, Olivenpüree und gehackte Oliven unter die schaumige Butter rühren, noch einmal abschmecken, in eine Schüssel streichen und kalt stellen.
- Backrohr auf 100 °C vorheizen. Lammkarree mit Salz und Pfeffer würzen, auf einer Seite mit der Olivenkruste 3 mm dick bestreichen.
- Anschließend in einer Pfanne rundum mit Knoblauchöl, Thymian und Rosmarin anbraten.
- Das Fleisch im vorgeheizten Rohr ca. 15 Minuten rosa braten – es sollte eine Kerntemperatur von 53 °C haben.
- Währenddessen für das Ragout Melanzani in 2 cm große Würfel schneiden, mit Salz und Pfeffer würzen und in einer heißen Pfanne mit Knoblauchöl anbraten.
- Mit Balsamico ablöschen und im Rohr bei 160 °C ca. 5 Minuten gar ziehen lassen. Mit Sesamöl und frischen Thymianblättern abschmecken.
- Lammrücken aus dem Rohr nehmen, kurz rasten lassen, in 2 mm dicke Scheiben schneiden und mit Melanzaniragout servieren.

PANNOBILE – WEINGUT PAUL ACHS

Intensiver Duft nach Brombeeren und schwarzem Holler, rauchige Tabaknoten, Nougatschokolade, saftig-reife Fruchtnoten am Gaumen, elegante Würze, kraftvolle, gut eingebundene Tannine, ausdauernd im Abgang.

SPANFERKELRÜCKEN mit Stöckelkraut und Erdäpfeln

Ein deftiges Gericht, das bei großen Anlässen immer wieder aufs Neue begeistert

- Backrohr auf 80 °C vorheizen. 1 l Wasser mit Zucker und Apfelessig aufkochen und den Spanferkelrücken mit der Schwarte nach unten im Zuckerwasser 10 Minuten im vorgeheizten Rohr ziehen lassen.
- Spanferkelrücken aus dem Rohr nehmen. Rohrtemperatur auf 200 °C erhöhen. Den Rücken aus dem Sud nehmen.
- Die Schwarte mit einem scharfen Messer fein einschneiden und den Rücken mit Salz, Pfeffer, Knoblauch, Koriander und Kümmel würzen.
- Gemüsefond in einer Bratpfanne im vorgeheizten Rohr aufkochen, den Rücken in die Pfanne setzen, 30 Minuten braten und das Fleisch immer wieder mit Bier übergießen.
- Währenddessen Zwiebeln schälen und in fingerdicke Streifen schneiden. In einer Pfanne Schmalz erhitzen und die Zwiebeln goldgelb braten. Mit Salz, Pfeffer und einer Prise Zucker würzen und mit Bier ablöschen.
- Die halbierten Erdäpfel ebenfalls in einer Pfanne mit Schmalz goldgelb braten und mit Salz und Pfeffer abschmecken.
- Die Hitze im Rohr auf 160 °C reduzieren, die Erdäpfel und Zwiebeln dazugeben und den Rücken so lange gar ziehen lassen, bis das Fleisch weich ist (ca. 1½ Stunden). Zwischendurch immer wieder mit Bratensaft übergießen.
- Weißkraut samt Strunk in Ecken schneiden und mit Salz, Pfeffer, Koriander und Kümmel würzen. In einer Pfanne Schmalz erhitzen, Kraut auf beiden Seiten braten und während der letzten 20 Minuten der Bratzeit zum Rücken dazugeben.
- Rücken in Scheiben schneiden und mit Weißkraut, Erdäpfeln und Zwiebeln servieren.

STIEGL PILS – STIEGLBRAUEREI ZU SALZBURG

Elegantes, schlankes Pils, hell in der Farbe, mit herrlichem Schaum und dem Bouquet von feinstem Saazer Hopfen.

6 PERSONEN

Zubereitungszeit ca. $2^{1}/_{2}$ Stunden

Zucker	500 g
Apfelessig	200 ml
Spanferkelrücken mit Knochen	2 kg
Salz, Pfeffer	
Knoblauch	
Koriander	
Kümmel	
Gemüsefond	800 ml
Bier	500 ml
Zwiebeln	400 g
Schmalz	
Erdäpfel (halbiert, alle gleich groß)	800 g
Weißkraut	600 g

TIPP

Damit die Schwarte schön knusprig wird, Spanferkelrücken gegen Ende der Garzeit bei starker Oberhitze oder unter dem Grill kräftig bräunen.

BLUNZENGUGELHUPF mit Erdäpfelpüree, Mangold und Rotweinbutter

Eine pikante Gugelhupfversion und ein *Pfefferschiff*-Klassiker, der seine Fangemeinde hat

4 PERSONEN

Zubereitungszeit ca. $1^1/_2$ Stunden

Butter	
Semmelbrösel	
Mehl	30 g
Milch	160 ml
Blunzen (enthäutet, ohne Fett)	400 g
Petersilstängel	
Schalotten (fein gewürfelt)	30 g
Knoblauch	
Eier	3 Stück (M)
Salz, Pfeffer	
Thymian, Piment, Zimt, Koriander, Majoran	
Erdäpfelpüree (siehe Rezept S. 150)	280 g
Rotwein	250 ml
Portwein	125 ml
Kartoffelstärke	1 TL
kalte Butterwürfel	30 g
Mangold (geputzt)	150 g
Gugelhupfformen	4 Stück

- Gugelhupfformen mit Butter bestreichen und mit Bröseln ausstreuen. Backrohr auf 200 °C vorheizen.
- Für die Béchamel in einer Pfanne etwas Butter aufschäumen, Mehl darin unter Rühren rösten und Milch behutsam mit einem Schneebesen einrühren. Sauce einkochen und auskühlen lassen.
- Blunzen in einer feuerfesten Form mit Petersilstängeln, Schalotten und Knoblauch im vorgeheizten Backrohr rösten. Aus dem Rohr nehmen, überflüssiges Fett ablaufen lassen und Blunzen faschieren. Backrohrtemperatur auf 190 °C reduzieren.
- Eier trennen. Dotter mit Blunzenmasse und Béchamel in einer Schüssel vermengen und mit Gewürzen und Kräutern abschmecken. Eiklar zu Schnee schlagen, behutsam unter die Masse heben, in die Gugelhupfformen gießen und ca. 16 Minuten im Rohr garen.
- Erdäpfelpüree laut Rezept zubereiten.
- Für die Rotweinbutter Rotwein und Portwein mit Stärke auf ca. 150 ml Flüssigkeit einkochen, vom Herd nehmen und kalte Butterwürfel mit einem Schneebesen einrühren. Die Rotweinbutter sollte nicht mehr kochen, sonst flockt die Butter aus.
- Mangoldblätter mit etwas Butter kurz in einer Pfanne schwenken und gemeinsam mit Blunzengugelhupf und Rotweinbutter servieren.

TIPP

Der Blunzengugelhupf gelingt garantiert, wenn man 80 g Ofenkartoffel fein passiert und warm mit der Béchamel und dem Dotter unter die Masse hebt.

PINOT GRIS – WEINGUT UMATHUM

Voller, cremiger Duft, der an Nüsse erinnert, reife Fruchtaromen, am Gaumen mächtig und voll mit schmelziger Note; perfekte Balance von Säure und Frucht, lang und nachhaltig.

MERCURY

WASSER

Klaus Fleischhaker verzichtet auf Fische aus dem Meer. Seine Quelle für Flossentiere wie Hecht, Renke und Zander sind die Gewässer der Region. Sein Hauptlieferant ist der letzte Berufsfischer am Wallersee.

WASSER

Den Schlüssel zum Restaurant *Pfefferschiff* gibt es in mehrfacher Ausfertigung. Einen davon besitzt die Fischerfamilie Kapeller in Seekirchen am Wallersee. Drei Generationen gewährleisten, dass Klaus Fleischhaker fast das ganze Jahr über Fische wie Hecht, Renke, Karpfen, Zander und Schleie auf die Karte setzen kann. An sechs Tagen in der Woche werden im Morgengrauen Prachtexemplare, die vier Kilogramm und mehr auf die Waage bringen, aus dem See gefischt und wenige Stunden später persönlich ins Kühlhaus des Gourmetrestaurants *Pfefferschiff* geliefert.

„Ich bekomme die Tiere in einer Qualität und Frische, dass ich auf Branzino oder Steinbutt gerne verzichte", schwärmt der Gastronom.

„Die Meeresfische haben eine lange Transport- und Kühlkette hinter sich. Den Seefisch aber habe ich vor der Tür – der ist auch nach drei Tagen noch top." Geht einmal kein Fisch ins Netz, schreibt der Pragmatiker die Karte einfach um: „Ich hab kein Problem damit, dem Gast zu sagen: Zander haben wir heute nicht, dafür kann ich einen Seesaibling anbieten. Wenn der Löwenzahn und die Tannen blühen und der Blütenstaub in dieser Zeit den See bedeckt, absinkt und im Netz hängen bleibt, kann es schon einmal passieren, dass der Fischer nichts fängt. Dafür gibt es aber auch Tage, an denen er mit 30 Kilogramm in die Bucht zurückkommt."

ALPENLACHS mit Frischkäseröllchen und Apfelbalsamico

Schonend gegart ist der Edelfisch mit wertvollen Omega-3-Fettsäuren nicht nur besonders gesund, sondern auch vollaromatisch.

- Das Selleriepüree laut Rezept herstellen und warm halten. Backrohr auf 100 °C vorheizen.
- Lachsfilets mit Salz und Pfeffer würzen, mit Olivenöl bestreichen und auf einen warmen Teller setzen. Mit Alufolie abdecken und im vorgeheizten Rohr ca. 10 Minuten garen. Der Fisch sollte noch glasig sein.
- Inzwischen den Apfel mit der Schale in hauchdünne Scheiben schneiden, vier davon zur Seite legen. Den restlichen Apfel kleinwürfelig schneiden, mit Sauerrahm, Frischkäse und Kren verrühren und mit Salz und Zitronensaft abschmecken. Die Apfelwürfel auf die vier Scheiben verteilen und jeweils behutsam einrollen.
- Den lauwarmen Alpenlachs mit den Frischkäseröllchen und dem Selleriepüree auf Teller setzen und mit jungen Salaten sowie Blüten garnieren. Apfelbalsamico mit Haselnussöl verrühren und das Gericht mit der Marinade beträufeln.

4 PERSONEN

Zubereitungszeit ca. 45 Minuten

Selleriepüree (siehe Rezept auf S. 150)	280 g
Alpenlachsfilets	4 Stück (à 120 g)
Olivenöl	
roter Apfel	1 Stück
Sauerrahm	20 ml
Frischkäse	20 g
Kren (frisch gerieben)	1 TL
Zitronensaft	
junger Salat nach Saison	
Blüten für die Garnitur	
Apfelbalsamico	2 EL
Haselnussöl	1 EL
Salz, Pfeffer	

RIESLING ZÖBINGER HEILIGENSTEIN – WEINGUT BRÜNDLMAYER

Delikater Duft nach Blüten und Weingartenpfirsichen mit markanter Mineralität, frisch balanciert durch eine Spur Restsüße, würzig-mineralisch, feine Frucht und feste Struktur, perfektes Frucht-Säure-Spiel.

TIPP

Zusätzlich zu den Frischkäseröllchen kann man auch Apfelkugeln zum Lachs servieren: aus einem roten Apfel kleine Kugeln ausstechen, mit etwas Apfelsaft und flüssiger Butter vermengen und kurz in der Pfanne schwenken.

ZANDERWÜRFEL auf Orangencarpaccio, Fenchel, Parmesan und Olivenöl

Zartes Säurespiel auf höchstem Niveau: Hier wird Zander gekonnt mit Orangen und Fenchel gepaart.

4 PERSONEN

Zubereitungszeit ca. 45 Minuten

kleine Fenchelknollen (in feine Streifen geschnitten)	2 Stück
Olivenöl	
Orangensaft	
Salz, Pfeffer	
Zucker	1 Prise
Orangen (kernlos, vollreif)	4 Stück
Parmesan (gerieben)	2 EL
Basilikumöl	1 EL
Basilikumblätter (frittiert)	12 Stück
Zanderfilets (mit Haut, in Würfelform)	12 Stück (à 40 g)
Butterschmalz	
Thymian, Rosmarin	
Zitronensaft	

- Die Fenchelstreifen in einer Pfanne in Olivenöl farblos anbraten und mit einem Schuss Orangensaft ablöschen. Mit Salz, Pfeffer und einer Prise Zucker würzen.
- Den Fenchelsalat in der Mitte eines länglichen Tellers anrichten.
- Die Orangen mit dem Messer schälen und mit der Maschine in feine Scheiben schneiden. Auf dem Fenchelsalat verteilen und mit Olivenöl marinieren.
- Orangen leicht pfeffern, mit Parmesan bestreuen, mit dem Basilikumöl beträufeln und mit frittiertem Basilikum bestreuen.
- Die Haut vom Zander fein einschneiden, Fischwürfel würzen, mit etwas Mehl bestauben und in einer Pfanne in heißem Butterschmalz mit Thymian und Rosmarin auf der Hautseite kross braten.
- Im letzten Moment wenden, mit etwas Zitronensaft ablöschen und sofort auf dem Orangen-Fenchel-Salat verteilen und servieren.

RIESLING KELLERBERG – WEINGUT F. X. PICHLER

Konzentrierte Rieslingfrucht, Steinobst, Kräuter, Zitrusaromen mit enormer Mineralik; saftige, reife Frucht, stoffig und konzentriert mit viel Substanz; druckreicher, ewiger Abgang.

TIPP

Statt Orangen kann man auch süße Grapefruits verwenden.

KARPFEN gebraten mit Graumohn, Kürbiskernen und Erdäpfelpüree

Gelungener Auftritt: ein einfaches und schnell zubereitetes Rezept, das trotz deftiger Ingredienzen nicht an Eleganz verliert

4 PERSONEN

Zubereitungszeit ca. 45 Minuten

Erdäpfelpüree (siehe Rezept auf S. 150)	
Kürbiskerne (gehackt, geröstet)	2 EL
Schalotten (gehackt, blanchiert)	2 EL
Kürbiskernöl	1 EL
Koriander (aus der Mühle)	
Salz, Pfeffer	
Petersil (geschnitten)	
Balsamico	
Paradeiser (ohne Kerne, in Würfel geschnitten)	3 EL
Schalotten (gehackt, blanchiert)	2 EL
Olivenöl	
weißer Essig	
Salz, Pfeffer, Zucker	
Petersil (geschnitten)	
Karpfenfilet (mit Haut)	480 g
Zitronensaft	
Salz, Pfeffer	
Mehl, Eidotter	
Graumohn (gemahlen)	2 EL
Butterschmalz	

- Das Erdäpfelpüree laut Rezept zubereiten und warm stellen.
- Für das Kürbiskernpesto die Kürbiskerne mit den Schalotten vermischen und mit Kürbiskernöl, Koriander, Salz, Pfeffer, Petersil und Balsamico abschmecken.
- Die Paradeiswürfel mit den Schalotten vermischen und mit Olivenöl, Essig, Salz, Zucker, Pfeffer und Petersil würzen.
- Das Karpfenfilet mit Zitronensaft, Salz und Pfeffer würzen, auf der Hautseite mit Mehl bestauben und mit Eidotter bestreichen. Mit gemahlenem Mohn bestreuen und fest andrücken.
- Filet mit der Mohnseite in einer Pfanne in heißem Butterschmalz braten, kurz wenden und sofort auf dem Kartoffelpüree anrichten.
- Mit Kürbiskernpesto und den marinierten Paradeisern servieren.

GRÜNER VELTLINER KELLERBERG – WEINGUT F. X. PICHLER

Tiefgründiger, komplexer Duft, feinster Pfeffer mit zartem Karamell, exotisch-reife Frucht mit kräftiger Würze, hohe Dichte und Schmelz; satt und saftig; nachhaltig und lang.

- Für das Karfiolpüree die schönen Karfiolrosen (ca. 160 g) zur Seite legen. Die restlichen Karfiolabschnitte mit Salz und etwas Zucker würzen und mit wenig Gemüsefond dämpfen.
- Den Karfiol im Tuch gut ausdrücken, die Flüssigkeit auf 2 EL einkochen. Den Karfiol mit der reduzierten Flüssigkeit und etwas kalter Butter fein mixen. Karfiolpüree durch ein Sieb streichen, abschmecken und warm stellen.
- Die Karfiolröschen in einer Pfanne in Butterschmalz leicht anbraten und mit Salz, Pfeffer und Zucker würzen. Mit wenig Gemüsefond ablöschen. Kapern, Apfelwürfel und Pinienkerne dazugeben, kurz schwenken und warm stellen.
- Das Hechtfilet auf der Hautseite mehrmals mit einem scharfen Messer fein einschneiden, würzen und in einer Pfanne in Butterschmalz, Thymian und Rosmarin ausschließlich auf der Hautseite kross braten.
- Hechtfilet mit Karfiolpüree und Karfiolröschen auf einem Teller anrichten. Butter bei kleiner Hitze braun werden lassen, vom Herd nehmen und abkühlen lassen.
- Butter mit Salz und einigen Tropfen Zitronensaft abschmecken und gleichmäßig über das Hechtfilet und das Gemüse verteilen. Mit Dille bestreuen und servieren.

TIPP

Aus dem gebratenen Hechtfilet lassen sich die Gräten mit einer Zange leicht entfernen.

HECHTFILET mit Karfiolpüree, Kapern und Pinienkernen

Ein Rezept, bei dem sich der Raubfisch von einem Karfiolduett zähmen lässt

4 PERSONEN

Zubereitungszeit ca. 1 Stunde

Karfiolpüree	400 g
Salz, Pfeffer, Zucker	
Gemüsefond (siehe Rezept auf S. 159)	
kalte Butterwürfel	
Butterschmalz	
Kapern (leicht gewässert)	2 EL
Apfelwürfel (grün)	2 EL
Pinienkerne (geröstet)	2 EL
Hechtfilets	4 Stück (à 120 g)
Thymian, Rosmarin	
Butter	80 g
Zitronensaft	
Dille (geschnitten)	1 EL

GRÜNER VELTLINER OFENBERG – WEINGUT TOPF

Hochreife Frucht, reife rote Ringlotten, sanfte Untermalung mit Honigtönen, zu der reifen Frucht besticht er durch Würze von grünem Pfeffer; ausdrucksstark mit Finesse und großer Eleganz.

FLUSSKREBSE im Kohlrabi mit Spargel und Wassermelone

Ein sommerlich leichtes Rezept, für das der Kohlrabi zum eindrucksvollen Gefäß umfunktioniert wird

4 PERSONEN

Zubereitungszeit ca. 1 Stunde

Krebse (ausgelöst)	24 Stück
weißer Spargel	4 Stangen
schnelle Grundsauce (siehe Rezept auf S. 156)	200 ml
frischer Estragon (gehackt)	
Minikohlrabi (mit Grün)	4 Stück
Butter	
Salz, Zucker	
Gemüsefond (siehe Rezept auf S. 159)	
Wassermelonenkugeln	24 Stück

- Die Flusskrebse in einem Topf in Wasser abkochen, ausbrechen und zur Seite legen. Den Spargel schälen und in 1 cm große Stücke schneiden.
- Schnelle Grundsauce laut Rezept zubereiten und mit frisch geschnittenem Estragon abschmecken.
- Vom Kohlrabi das obere Drittel mit dem Grün abschneiden, zuputzen und in einer Schüssel in kaltem Wasser zur Seite stellen.
- Den restlichen Kohlrabi schälen, mit einem Gemüseperlenausstecher aushöhlen. Die ausgehöhlten Kohlrabiperlen wenige Sekunden in Salzwasser kochen und mit Eiswasser abschrecken.
- Gemeinsam mit Spargel, Butter, Salz, Zucker und etwas Gemüsefond garen und in die ausgehöhlten Kohlrabi füllen.
- Die ausgelösten Flusskrebse in einer Pfanne in gesalzener brauner Butter wärmen und mit dem gefüllten Kohlrabi, geschäumter Estragonsauce und Melonenkugeln auf Teller setzen.
- Mit dem Kohlrabideckel verschließen und servieren.

SAUVIGNON BLANC POHARNIG – WEINGUT ERWIN SABATHI

Konzentrierte, expressive Frucht, viel Holunder, rauchige Würzigkeit, reifer gelber Paprika im Geschmack, daneben betont salzig, Sellerie, besonders vielschichtig

ZANDERFILET auf Brennnesselrisotto und Paradeisersauce

Während Zander als Hauptakteur in den Vordergrund rückt, macht sich der mollige Risotto auch in seiner Nebenrolle gut.

4 PERSONEN

Zubereitungszeit ca. 1 Stunde, zum Ziehen 2 Stunden, zum Marinieren der Paradeiser 12 Stunden

junge Brennnesseln	150 g
Olivenöl	
Hühnerfond	350 ml
Brennnesselpaste (siehe Rezept auf S. 157)	4 EL
Paradeisersauce (siehe Rezept auf S. 156)	200 ml
Zwiebeln (fein gehackt)	50 g
Butter	40 g
Rundkornreis	100 g
Weißwein	4 EL
Salz, Pfeffer	
kalte Butter	25 g
Parmesan (gerieben)	2 EL
Obers (geschlagen)	50 ml
Frittieröl	
Zanderfilets (mit Haut, ohne Gräten)	4 Stück (à 120 g)
Cayennepfeffer	
Thymian, Rosmarin	

- Für den Brennnesselfond die Brennnesselblätter zupfen und zur Seite legen. Brennnesselstangen in einem Topf in Olivenöl farblos anschwitzen und mit dem Hühnerfond aufgießen.
- Den Fond einmal aufkochen, vom Herd nehmen und zugedeckt 2 Stunden ziehen lassen. Abseihen und weiter verwenden.
- Paradeisersauce und Brennnesselpaste laut Rezept zubereiten.
- Zwiebeln in Butter glasig dünsten, den Risottoreis einrühren und kurz durchschwenken. Mit Weißwein ablöschen und einkochen lassen.
- Unter ständigem Rühren nach und nach mit heißem Brennnesselfond aufgießen, mit Salz und Pfeffer würzen und ca. 20 Minuten garen, bis der Reis bissfest ist. Pfanne vom Herd nehmen.
- Kurz vor dem Servieren Brennnesselpaste, kalte Butter und Parmesan einrühren. Im letzten Moment geschlagenes Obers unterheben.
- Brennnesselblätter in Öl frittieren und zur Seite stellen.
- Die Zanderfilets auf der Hautseite fein einschneiden, mit Salz, Pfeffer und Cayennepfeffer würzen und in einer Pfanne in Olivenöl mit Thymian und Rosmarin auf der Hautseite kross braten.
- Das Zanderfilet auf dem Brennnesselrisotto anrichten und mit Paradeisersauce und frittierten Brennnesselblättern servieren.

RIESLING HEILIGENSTEIN – WEINGUT HANNES HIRSCH

Feine Marillenfrucht, Weingartenpfirsich, ein Hauch von Wiesenkräutern, zart rauchige Mineralik, saftig, zeigt eine feine Süße, ungemein harmonisch, sehr finessenreich strukturiert, feinfruchtiger Nachhall.

WALLER mit der Haut knusprig gebraten auf Balsamicolinsen und Specksauce

Die volle Wucht an Aromen: festfleischiger Wels, kombiniert mit würzigen Belugalinsen und kräftiger Sauce

4 PERSONEN

Zubereitungszeit ca. 1 1/4 Stunden, zum Einweichen 12 Stunden

Speckwürfel	50 g
Schalotten (fein gehackt)	2 Stück
Knoblauch (fein gehackt)	1 Stück
Butter	1 EL
Lorbeer	
Balsamico	50 ml
Hühnerfond	250 ml
Stärke	1 TL
Salz, Pfeffer	
Zitronensaft	
Belugalinsen (12 Stunden in reichlich Wasser eingeweicht)	200 g
Petersil (fein gehackt)	1 EL
Specksauce (siehe Rezept auf S. 157)	200 ml
Wallerfilets (mit Haut, ohne Gräten)	4 Stück (à 120 g)
Mehl	
Butterschmalz	
Speckstreifen (knusprig gebraten)	8 Stück

- Für die Balsamicolinsen in einer Pfanne Speckwürfel, Schalotten, Knoblauch und Lorbeer in Butter anschwitzen, mit Balsamico ablöschen und einreduzieren.
- Mit Hühnerfond aufgießen, aufkochen, mit Stärke binden, mit Salz und Pfeffer würzen und bei kleiner Hitze 15 Minuten köcheln.
- Belugalinsen zugeben, weitere 10 Minuten köcheln und mit gehacktem Petersil abschmecken.
- Specksauce laut Rezept zubereiten.
- Für das Wallerfilet den Fisch mit einem scharfen Messer mehrmals fein einschneiden. Mit Salz und Pfeffer würzen, mit Zitronensaft beträufeln und in Mehl wenden.
- Filets in einer heißen Pfanne in Butterschmalz auf der Hautseite knusprig braten.
- Filets mit Balsamicolinsen, Speckstreifen und geschäumter Specksauce anrichten.

CHARDONNAY GLORIA – WEINGUT KOLLWENTZ

Feinwürzige, intensive Nase nach ausgereiften gelben Früchten, feine Hefenote, mineralisch, sehr ausgewogen und fein strukturiert; lang und nachhaltig am Gaumen.

HECHTMELANGE mit Spargel, Morcheln und Kerbelschaum

Vom Frühling inspiriert und frei komponiert: Ménage à trois mit einem luftigen Schäumchen vom Kerbel

4 PERSONEN

Zubereitungszeit ca. 1 1/4 Stunden

Hechtfilet (faschiert und angefroren)	200 g
Salz, Cayennepfeffer	
Zitronensaft	
Obers	200 g
Morcheln (in Streifen geschnitten)	30 g
Butter	
Gemüsewürfel (sautiert)	40 g
Dille	
schnelle Kerbelschaumsauce (siehe Rezept auf S. 156)	200 ml
Hopfenspargel oder feiner grüner Spargel (blanchiert)	4 Stück
weißer Spargel (gekocht)	4 Stück
Morcheln (gebraten, für die Garnitur)	4 Stück

- Backrohr auf 160 °C aufheizen. Das angefrorene faschierte Hechtfilet mit Salz, Cayennepfeffer und Zitronensaft würzen und mit dem flüssigen Obers im Kutter zu einer feinen Farce verarbeiten.
- Die Farce durch ein feines Sieb streichen. Morcheln in einer Pfanne kurz in Butter schwenken.
- Die Farce mit Gemüsewürfeln, Dille und den Morcheln vermischen und nochmals abschmecken.
- Die Masse in Formen dressieren, mit Alufolie abdecken und im vorgeheizten Rohr im Wasserbad ca. 12–15 Minuten pochieren.
- Währenddessen Kerbelschaumsauce laut Rezept zubereiten.
- Hopfenspargel und weißen Spargel im eigenen Fond erwärmen.
- Hecht mit warmem Spargel, gebratenen Morcheln und der geschäumten Kerbelsauce servieren.

SAUVIGNON BLANC HASEL – WEINGUT TOPF

Reife Stachelbeertöne, sehr intensive satte Frucht, Konzentration aus Frucht von schwarzen Johannisbeeren mit einem Hauch von Vanille, perfekt eingebundenes Holz, weiche zarte Tannine, extraktsüß, elegant

TIPP

Beim Kauf der Morcheln auf die Größe achten: Die kleinen Exemplare sind viel aromatischer als große. Ist die Morchelsaison vorbei, verwendet man stattdessen am besten Eierschwammerln oder Steinpilze.

RENKE auf karamellisiertem Römersalat und Lungauer Eierschwammerln

Eine Kombination aus Wasser, Garten und Wald, die besonders kunstvoll in Szene gesetzt wird

4 PERSONEN

Zubereitungszeit ca. 1 Stunde

Römersalat	4 Stück
Salz, Pfeffer	
Zucker	
weißer Essig	
Fischgrundsauce (siehe Rezept auf S. 157)	200 ml
kleine Eierschwammerln	160 g
Butterschmalz	
Petersil (gehackt)	1 EL
Renkenfilets (mit Haut, ohne Gräten)	4 Stück
Mehl	
Thymian, Rosmarin	
Zitronensaft	
Schnittlauch (in 1 cm geschnitten)	2 EL

- Vom Römersalat den Strunk herausschneiden und mit Salz und Pfeffer würzen.
- In einer Pfanne etwas Zucker goldgelb karamellisieren, den Römersalat auf beiden Seiten braten, mit einigen Tropfen Essig ablöschen und vom Herd nehmen.
- Fischgrundsauce laut Rezept zubereiten.
- Die Eierschwammerl sauber und trocken putzen und in einer heißen großen Pfanne in Butterschmalz kurz anbraten und mit Salz und Pfeffer würzen.
- Im letzten Moment den gehackten Petersil dazugeben und auf Tellern verteilen.
- Das Renkenfilet auf der Hautseite fein einschneiden, mit Mehl bestauben, würzen und in einer Pfanne in heißem Butterschmalz mit Thymian und Rosmarin ausschließlich auf der Hautseite kross braten.
- Mit einigen Tropfen Zitrone ablöschen, wenden und mit dem Römersalat, gebratenen Eierschwammerln, geschäumter Fischgrundsauce und Schnittlauch bestreut servieren.

TIPP

Als zusätzliche Beilage zur Renke passen Erdäpfelpüree mit Schnittlauch oder Heurige, in Butter geschwenkt.

WEISSBURGUNDER SMARAGD KOLLMÜTZ – WEINGUT RUDI PICHLER

Vielschichtiges Bouquet mit exotisch anmutender Frucht; ausdrucksvoll mit ausgezeichneter Struktur, am Gaumen gelbe Früchte, feine Mineralität und lebendige Säurestruktur.

BANYULS-AAL auf konfierten Hühnerherzen und -mägen

Außergewöhnliche Fusion: Zum marinierten Aal gesellt sich ein Ragout aus Innereien.

4 PERSONEN

Zubereitungszeit ca. 1 Stunde, zum Marinieren ca. 1 1/4 Stunden

Hühnerherzen und -mägen (zu gleichen Teilen)	250 g
grobes Salz	1 EL
Entenfett oder Schweineschmalz	
Schalotten (gehackt)	2 Stück
Knoblauchzehen (gehackt)	2 Stück
Lorbeer, Thymian, Rosmarin, Wacholder und Pfefferkörner	
Banyuls-Reduktion (siehe Rezept auf S. 159)	100 ml
Pilze (gebraten, fein gehackt)	200 g
Nussöl	
Balsamico	
Thymian (gehackt)	1 TL
Salz, Pfeffer	
geräuchertes Aalfilet (ohne Haut)	300 g
Nussbrotscheiben (geröstet)	12 Stück

- Herzen und Mägen eine Stunde in einer Schüssel mit Salz marinieren und anschließend wieder abwaschen.
- Die Innereien in einem Topf mit Enten- oder Schweineschmalz bedecken und mit Schalotten, Knoblauch, Lorbeer, Thymian, Rosmarin, Wacholder und Pfefferkörnern im auf 150 °C vorgeheizten Rohr ca. 30 Minuten garen.
- Währenddessen Banyuls-Reduktion laut Rezept zubereiten.
- Die Innereien aus dem Rohr nehmen und durch ein Sieb seihen. Gewürze entfernen und die Mägen und Herzen fein hacken.
- Mit gehackten gerösteten Pilzen verrühren und mit Nussöl, Balsamico, Thymianspitzen, Salz und Pfeffer abschmecken.
- Das Aalfilet auf beiden Seiten mit der Banyuls-Reduktion ca. 15 Minuten marinieren, in 12 gleich große Stücke schneiden und auf den konfierten Innereien anrichten. Mit geröstetem Nussbrot servieren.

ZIERFANDLER SINFONIE – WEINGUT PIRIWE

Intensiver Duft nach Ananas, Kräutergarten und Kamillenblüten, am Gaumen feine würzige Frucht nach Kräutern und reifen Birnen, mineralische Note mit langem Abgang.

RÄUCHERLACHSBRÛLÉE mit Gurkentatar, Lachskaviar und Kresse

Ein orange-grünes Farbenspiel, das auch geschmacklich zum Highlight eines Menüs avanciert

- In einem Topf Milch und Obers gemeinsam mit den Räucherfischabschnitten, Dille, Zitronenschale, Zucker, Salz, Pfeffer, Cayennepfeffer und Lorbeerblatt aufkochen, vom Feuer nehmen, 1 Stunde ziehen lassen.
- Durch ein Sieb gießen. Milch-Obers-Gemisch mit Dotter und Vanillemark glatt rühren und in vier feuerfeste Formen füllen.
- Räucherlachswürfel auf die Formen aufteilen und im vorgeheizten Rohr bei 150 °C und je nach Höhe der Form ca. 30 Minuten garen.
- Gurke schälen, Kerne entfernen und in kleine Würfel schneiden.
- Förmchen aus dem Rohr nehmen, auskühlen lassen, mit Zucker bestreuen und mit einem Bunsenbrenner abflämmen. Brûlée gemeinsam mit Gurkentatar, Kaviar, Kresse und Frühlingskräutern servieren.

TIPP

Man bringt noch mehr Aroma in das Tatar, wenn man die Gurken kurz in Knoblauchwasser blanchiert.

4 PERSONEN

Zubereitungszeit ca. 1 Stunde, zum Ziehen ca. 1 Stunde

Milch	110 ml
Obers	110 ml
Räucherfischabschnitte	150 g
Dillzweig	1 Stück
Zitronenschale	
Zucker	4 g
Salz	5 g
Pfeffer, Cayennepfeffer	
Lorbeerblatt	1 Stück
Dotter	3 Stück
Vanillemark	1 Msp.
Räucherlachswürfel	120 g
Gurke	120 g
brauner Zucker	
Lachskaviar	40 g
Kresse	
feine Salatspitzen oder Frühlingskräuter	
Bunsenbrenner	

FURMINT –
WEINGUT HEIDI SCHRÖCK

In der Nase feine Aromen von Marille, Quitte und Orangenblüten, rauchige Anklänge; am Gaumen feine Traubenfrucht, vollmundig und balanciert, elegant mit mineralischem Nachhall.

TIPP

Statt Huchen eignen sich
auch Lachsforelle oder Saibling
sehr gut zum Dämpfen.

HUCHENFILET aus dem Lorbeerdampf auf Kalbskopf und Senfsaat, Paradeiservinaigrette

Schonend gedämpfter Fisch der Luxusklasse mit einer Begleitung, die ihm ebenbürtig ist

4 PERSONEN

Zubereitungszeit ca. 1 Stunde

Speckwürfel	20 g
Schalotten (fein gehackt)	20 Stück
Knoblauch (fein gehackt)	1 Stück
Butter	1 EL
Balsamico	40 ml
Kalbskopf (essfertig, in feine Würfel geschnitten)	480 g
Gemüsefond	280 ml
Salz, Pfeffer	
Paradeiserwürfel	4 EL
Senfsaat (3-mal blanchiert)	2 EL
Estragon (geschnitten)	2 EL
Lorbeerblätter	5 Stück
Thymian	
Zitronenschale	
Huchenfilet (mit Haut)	400 g
Olivenöl	
Zucker	1 Prise
Lorbeerzweig (für die Garnitur)	

- Speckwürfel, gehackte Schalotten und Knoblauch in einer Pfanne in der Butter glasig dünsten, mit Balsamico ablöschen und einreduzieren.
- Die Kalbskopfwürfel dazugeben und mit 80 ml Gemüsefond aufgießen. 5 Minuten bei kleiner Hitze kochen, mit Salz und Pfeffer abschmecken und zur Seite stellen.
- Für die Paradeiservinaigrette 3 EL Paradeiserwürfel mit 1 EL Senfsaat und 1 EL geschnittenem Estragon vermischen und zur Seite stellen.
- In einem Topf 200 ml Gemüsefond mit Lorbeer, Thymian und Zitronenschale bei kleiner Hitze 2 Minuten kochen.
- Das Filet entgräten und portionieren. Mit Salz und Pfeffer würzen. In den Topf einen Gittereinsatz legen, den Huchen mit der Haut nach oben darauflegen und im Lorbeerdampf ca. 5–7 Minuten glasig dämpfen.
- Kalbskopf mit je 1 EL Senfsaat, Paradeiserwürfel und geschnittenem Estragon abschmecken und auf Tellern verteilen. Die Haut des Huchenfilets abziehen und Filet auf das Kalbskopfragout setzen.
- Estragon-Paradeiser mit Olivenöl, Balsamico, Salz, Pfeffer und einer Prise Zucker abschmecken, das Huchenfilet damit beträufeln und mit Lorbeerzweig servieren.

WEISSBURGUNDER „REINE SEELE" – WEINGUT TRUMMER

In der Nase Aromen von vollreifen gelben Birnen und Äpfeln, einladend und saftig, reich an Körper; am Gaumen feinfruchtig mit balancierter Säure, würziger Nachhall.

SAIBLING
gebacken in Kräuterbröseln auf Sauerampferschaum

Rollmops à la Fleischhaker. Für das leichte Sommergericht kann man statt Saibling auch Forelle einwickeln.

4 PERSONEN

Zubereitungszeit ca. 35 Minuten

Sauerampferschaum (siehe Rezept auf S.156)	100 ml
trockene Toastbrotscheiben (ohne Rinde)	8 Stück
Petersilblätter	3 EL
Dillspitzen	1 EL
Saiblingsfilets (ohne Haut und Gräten)	4 Stück (à 80 g)
Salz, Pfeffer	
Mehl und Ei	
Butterschmalz	
Balsamico	
Olivenöl	
Salatbouquet (je nach Saison: Frisée, Lollo Rosso, Rucola, Vogerlsalat, Sprossen, Kresse)	
Schaumrollenformen	4 Stück
Bindfaden	

- Den Sauerampferschaum laut Rezept zubereiten und auf großen Tellern anrichten. Für die Kräuterbrösel Toastbrotscheiben in kleine Stücke schneiden und gemeinsam mit den Petersilblättern und den Dillspitzen drei Minuten mixen.
- Saiblingsfilets mit Salz und Pfeffer würzen, über eine Schaumrollenform legen und leicht zusammenbinden. In Mehl, Ei und Kräuterbröseln wenden.
- In einer Pfanne Butterschmalz auf 190 °C erhitzen, die Rollen unter ständigem Wenden zwei Minuten lang backen, auf Küchenpapier abtropfen lassen und die Schaumrollenform vorsichtig entfernen.
- Saiblingsrollen an beiden Enden geradeschneiden. Nach Belieben Balsamico, Olivenöl, Salz und Pfeffer zu einer Marinade verrühren und Salate damit marinieren.
- Saiblingsrollen auf dem Sauerampferschaum anrichten und mit Salat gefüllt servieren.

GRÜNER VELTLINER FEDERSPIEL – WEINGUT RUDI PICHLER

Feinwürzige, pfeffrige Noten, sehr sortentypisch und zart mineralisch im Duft, feine Apfelaromen und typische Kräuterwürze, präzise strukturiert, animierend mit lebhaftem Frucht-Säure-Spiel, anhaltend.

ACKER

Immer wieder werden seltene Gemüsesorten neu entdeckt. Eingeflogen wird deshalb aber nichts. Auf die Speisekarte kommt bei Klaus Fleischhaker nur, was gerade Saison hat.

ACKER

Fleischhakers Haus- und Hoflieferant in Sachen Gemüse ist Herbert Haiml aus Liefering in Salzburg. Spezialisiert hat er sich auf alles, was am Acker wächst, und er beliefert das *Pfefferschiff* mindestens dreimal wöchentlich mit frisch geernteter Ware wie roten Rüben, Karotten, Spinat und Kartoffeln vom Feld. „Herbert kann mir alles organisieren, bietet fünf verschiedene Paradeissorten an und vier verschiedene Melanzanisorten, von dick bis dünn, von gestreift bis schwarz – einfach alles. Ich kann bei ihm auch in Kleinstmengen bestellen, was für mich wichtig ist, weil ich Gerichte habe, von denen ich nicht jeden Tag zwanzig Portionen verkaufe."
Auf die Schranne fährt Fleischhaker, wenn er etwas Spezielles braucht: Jeden Donnerstag verwandelt sich der Salzburger Mirabellplatz zum Bauernmarkt für Obst- und Gemüseproduzenten, Bäcker, Metzger und Hausfrauen, die nicht nur aus Salzburg, sondern aus allen Bundesländern anreisen, um von 5 Uhr in der Früh bis 13 Uhr ihre Ware anzupreisen.
„Ich such mir dort bei den Spezialisten Rhabarber oder reife Erdbeeren, die ich zu Marmeladen oder Chutneys verarbeite und mit Käse serviere." Dass der ausschließlich aus Österreich und von ausgesuchten Produzenten wie etwa von Slow-Food-Käser Gunther Naynar kommt, versteht sich von selbst.

GEMÜSEKALTSCHALE
„geliert“ mit Gin, Wassermelone und Schafjoghurt

Ein Muss für jede Gartenparty: ein erfrischender Cocktail aus Gemüse und Gin zum Löffeln

4 PERSONEN

Zubereitungszeit ca. 30 Minuten, zum Abtropfen ca. 3 Stunden, zum Gelieren ca. 30 Minuten

Gurke (geschält und entkernt)	270 g
gelber Paprika (ohne Kerne)	160 g
roter Paprika (ohne Kerne)	100 g
Paradeiser (vollreif)	250 g
Basilikum	1/2 Bund
Knoblauchzehe	1/4 Stück
Gin	20 ml
Salz	
Cayennepfeffer	
Gelatine	2 Blatt
Schafjoghurt	120 g
Wassermelonenkugeln	24 Stück
Basilikumstreifen	1 EL

- Gurke, Paprika und Paradeiser in Würfel schneiden, mit Basilikum, Knoblauch, Gin, Salz und Cayennepfeffer 5 Minuten mixen und in einem Tuch 3 Stunden abtropfen lassen. Es sollten 300 ml Flüssigkeit als Kaltschalenansatz übrig bleiben.
- Gelatine in kaltem Wasser einweichen. Den klaren Gemüsefond mit Salz und Pfeffer kräftig abschmecken. 2 EL vom Fond erwärmen, gut ausgedrückte Gelatine darin auflösen und rasch mit dem restlichen Fond verrühren.
- Die Gemüsekaltschale in Gläser füllen und im Kühlschrank 30 Minuten fest werden lassen.
- Das Schafjoghurt glatt rühren, mit Gewürzen abschmecken und auf die Gläser verteilen. Mit Wassermelonenkugeln und Basilikumstreifen servieren.

TIPP

Die Gemüsekaltschale sollte man nicht zu kalt servieren, da sie sonst ihre Aromen nicht entfalten kann. 15 Minuten vor dem Servieren aus dem Kühlschrank nehmen.

BRÜNDLMAYER SEKT BRUT – WEINGUT BRÜNDLMAYER

Feine, konsistente Perlage, zarte Zitrusaromen, dezente Biskuitnote, fein-nussig von Röst- und Hefenoten, feinfruchtig am Gaumen, dabei klassisch und geradlinig, anregende Mineralität im Abgang.

WEISSE SUPPE vom schwarzen Radi mit Kresse

Ein Aromenspiel aus samtigem weißen Rettichsüppchen und feiner Frühlingskresse

4 PERSONEN

Zubereitungszeit ca. 1 Stunde

Zwiebeln (in feine Streifen geschnitten)	70 g
Champignons (blättrig geschnitten)	30 g
Butter	30 g
schwarzer Rettich (ohne Schale, würfelig geschnitten)	300 g
Gemüsefond	500 ml
Obers	60 ml
Sauerrahm	60 ml
kalte Butterwürfel	30 g
Salz	
Cayennepfeffer	
Muskatnuss	
Zucker	
Kresse	

- Die Zwiebeln und Champignons in einer Pfanne in Butter glasig dünsten, Rettichwürfel dazugeben und würzen.
- Gemüse kurz durchschwenken, bis der Rettich sein Aroma entfaltet, und mit dem Gemüsefond aufgießen.
- Bei kleiner Hitze 20 Minuten kochen, Obers und Sauerrahm einrühren und weitere 5 Minuten kochen.
- Suppe vom Herd nehmen, mit kalten Butterwürfeln im Thermomix mixen, durch ein Sieb passieren und mit Salz, Cayennepfeffer, Muskatnuss und Zucker abschmecken.
- Unmittelbar vor dem Servieren die Radisuppe mit dem Stabmixer schaumig schlagen und mit Kresse bestreut servieren.

TIPP

Wem Gemüse pur zu wenig ist, kann die Suppe mit Selchfleischpofesen oder Selchfleischknödeln aufpeppen.

Während mit roter Rübe die Hauptzutat aus Österreich kommt, wird statt des typischen Gegenspielers Kren die fernöstliche Wasabiwurzel als Scharfmacher eingesetzt.

ROTE-RÜBEN-SCHAUMSUPPE
mit Wasabimousse

- Für die Wasabimousse Sauerrahm, Crème fraîche und Wasabipaste glatt rühren und kräftig mit Zitronensaft und Salz würzen. Gelatineblätter in kaltem Wasser einweichen. 2 EL von der Mousse erwärmen, gut ausgedrückte Gelatineblätter darin auflösen und rasch unter die restliche Masse rühren. Das geschlagene Obers unter die Mousse heben und zwei Stunden kalt stellen.
- Rote Rüben in gleich große Würfel schneiden, in einem Topf in Butter farblos anschwitzen, mit Salz, Kümmel, Koriander, Kren, Zitrone und Pfeffer würzen, mit Portwein ablöschen und Flüssigkeit zur Gänze einkochen.
- Rote Rüben mit Gemüsefond aufgießen und bei kleiner Hitze ca. 20 Minuten kochen, die letzten fünf Minuten der Kochzeit mit Obers aufgießen. Suppe vom Herd nehmen, mit kalten Butterwürfeln mit einem Stabmixer fein pürieren, durch ein feines Sieb streichen und abschmecken.
- Kurz vor dem Anrichten die Suppe noch einmal mit dem Stabmixer aufschäumen und in Gläser füllen. Mit einem Löffel Nockerln aus der Mousse stechen und mit einem Spritzsack auf die Suppe dressieren.

TIPP

Eine noch exklusivere Optik bekommt die Suppe, wenn man pro Person einen gekochten Rübenwürfel als Einlage in der Mitte platziert und mit Mousse und Rote-Rüben-Chips serviert. Für die Chips eine kleine Knolle schälen, in hauchdünne Scheiben schneiden und kurz in Öl frittieren.

4 PERSONEN

Zubereitungszeit ca. 40 Min.,
zum Kühlen 2 Stunden

Sauerrahm	100 ml
Crème fraîche	50 ml
Wasabipaste	15 g
Zitronensaft, Salz	
Gelatine	$1^1/_2$ Blatt
Obers (geschlagen)	100 ml
rote Rübe (roh und geschält)	250 g
Butter	25 g
Salz, Zitrone, Kümmel, Koriander, Kren, Pfeffer	
Portwein	50 ml
Gemüsefond	400 ml
Obers (flüssig)	100 ml
kalte Butterwürfel	40 g

MAISSUPPE
mit Forellenweißwurst

Reduced to the Max: volles Maisaroma und Forelle, die in ihrer unkonventionellen Form für Furore sorgt

4 PERSONEN

Zubereitungszeit ca. 1¾ Stunden, zum Frieren der Forelle ca. 30 Minuten

Forellenweißwürste (siehe Rezept auf S. 153)	4 Stück
Zwiebeln (fein gehackt)	40 g
Butterschmalz	20 g
Butter	20 g
Maiskörner	240 g
Curry	
Weißwein	70 ml
weißer Portwein	40 ml
Gemüsesuppe	400 ml
Obers	100 ml
Butterwürfel	15 g
Salz, Pfeffer	
Muskatnuss	
Dille für die Garnitur	

- Forellenweißwürste laut Rezept zubereiten.
- In einer Pfanne Zwiebeln in Butterschmalz und Butter farblos anschwitzen.
- Maiskörner kurz mit den Zwiebeln schwenken, mit Curry würzen und mit Weißwein und Portwein aufgießen. Flüssigkeit zur Gänze einkochen.
- Mit Gemüsesuppe aufgießen und bei kleiner Hitze 15 Minuten kochen. Obers unterrühren, 5 Minuten kochen und vom Herd nehmen.
- Mit einem Stabmixer zwei Drittel der Maiskörner und die Butterwürfel in die Suppe einrühren.
- Die Suppe durch ein Sieb passieren, mit Salz, Pfeffer und Muskatnuss abschmecken und mit dem Stabmixer aufschäumen.
- Maissuppe in Gläser füllen und mit den restlichen Maiskörnern, der Forellenweißwurst und Dille anrichten.

TOPINAMBUR-WEISSBIER-SUPPE
mit Rehbutterschnitzel

Kraftvolle Suppe mit wilder Einlage: eine würzige Kombination aus der außergewöhnlichen beige-rosa Knolle und Reh am Spieß

4 PERSONEN

Zubereitungszeit ca. 1¼ Stunden, zum Kühlen 30 Minuten

Topinambur	200 g
Zwiebeln (in Streifen geschnitten)	40 g
Champignons	30 g
Butterschmalz	20 g
Salz, Pfeffer, Muskatnuss	
Weißbier	180 ml
Gemüsefond	300 ml
Obers	100 ml
kalte Butterwürfel	50 g
Rehbutterschnitzel (siehe Rezept auf S. 151)	
Zimtstangen (zum Aufspießen)	

o Topinambur schälen und in Scheiben schneiden. Gemeinsam mit Zwiebeln und Champignons in einer Pfanne in Butterschmalz bei niedriger Hitze glasig dünsten und mit Salz, Pfeffer und Muskat würzen.

o Gemüse mit 100 ml Weißbier ablöschen, Flüssigkeit einkochen, mit Gemüsefond und Obers aufgießen und 15 Minuten kochen.

o Suppe vom Herd nehmen, mit kalten Butterwürfeln mixen, passieren und abschmecken.

o Rehbutterschnitzel laut Rezept zubereiten und auf Zimtstangen spießen.

o Unmittelbar vor dem Anrichten die Suppe mit dem Stabmixer aufschäumen. 80 ml Weißbier in die Tassen verteilen, mit Suppe aufgießen und mit frisch gebratenen Rehbutterschnitzeln servieren.

TIPP

Als Beilage kann man statt Rehbutterschnitzel auch Bratwurstradeln servieren.

KLARE SPARGELSUPPE mit Pesto und Rucola

Ein schnelles und delikates Rezept für Spargelfans und Suppenfreaks

4 PERSONEN

Zubereitungszeit ca. 35 Minuten

weißer Spargel	20 Stück
grüner Spargel	10 Stück
feine Gemüsewürfel	3 EL
Butter	
Salz, Zucker	
Spargel- oder Gemüsefond (siehe Tipp)	500 ml
Pesto	1 EL
Rucola (geschnitten)	2 Bund
Basilikumöl	

- Den weißen Spargel schälen und in gleich dicke Scheiben schneiden. Den grünen Spargel mit der Schale ebenfalls in gleich dicke Scheiben schneiden.
- In einer großen Pfanne Spargelscheiben und Gemüsewürfel in Butter glasig dünsten und mit Salz und Zucker würzen.
- Mit dem Spargelfond gut bedecken und bei kleiner Hitze ca. 10 Minuten weich kochen.
- Kurz vor dem Servieren die Suppe mit dem Pesto abrunden, den geschnittenen Rucola in die Suppe rühren (nicht mehr kochen) und mit Basilikumöl verfeinern.

TIPP

Für den Spargelfond Schalen und Abschnitte von 1 kg weißem Spargel in $2^1/_2$ l Salzwasser mit Zucker und Zitronensaft zum Kochen bringen. Flüssigkeit bei kleiner Hitze auf 2 Liter reduzieren, durch ein feines Sieb gießen und Fond weiter verwenden.

SPARGELsorbet

Ein Solo für den Spargel: diesmal in einer süßen Variante, bei der selbst Dessertverweigerer nicht nein sagen können

4 PERSONEN

Zubereitungszeit ca. 30 Minuten

weißer Spargel (weich gekocht)	500 g
Obers	150 ml
Spargelfond (siehe Tipp)	250 ml
Glucose	130 g
Zitronensaft	1 EL
weißer Balsamico	10 ml
Salz, Cayennepfeffer	

- Alle Zutaten im Thermomix fein pürieren und passieren. Die Masse würzig abschmecken und in der Maschine frieren.

SCHNELLE SCHMACKHAFTE FRÜHLINGSREZEPTE,
IN DENEN SPARGEL DIE HAUPTROLLE SPIELT

SPARGEL in der Folie

- Backrohr auf 200 °C vorheizen. Die Spargelstangen schälen, mit Salz und einer Prise Zucker würzen und in eine feuerfeste Form legen. Spargel mit Gemüsefond aufgießen und mit Butterflocken belegen.
- Mit Alufolie abdecken und im vorgeheizten Rohr ca. 25 Minuten garen. Aus dem Ofen nehmen, kurz ruhen lassen und die Folie erst bei Tisch öffnen, damit jeder in den Genuss des Aromas kommt.
- Den Spargel nach Wunsch mit Schnittlauch oder Petersil bestreuen und mit diversen Saucen servieren.

4 PERSONEN

Zubereitungszeit ca. 40 Minuten

Spargel	20 Stück (gleich dick, je 50 g)
Salz	
Zucker	1 Prise
Gemüsefond	100 ml
Butter	60 g
Schnittlauch oder Petersil (gehackt)	

TIPP

Beim Einkauf sollten Sie darauf achten, dass der Spargel nicht zu dünn ist. Ideal ist eine Stärke von 2–2 1/2 cm. Außerdem sollten Sie prüfen, dass der Spargel frisch geerntet ist, die Enden also nicht zu holzig sind.

Ein schnelles SPARGELgericht

- Spargel schälen und in 3 mm dicke Scheiben schneiden. Die Spargelscheiben in einer großen Pfanne mit etwas Butter schwenken und mit Salz und Zucker würzen.
- Mit 2 EL Wasser ablöschen, Pfanne zudecken und Spargel ca. 3 Minuten bissfest garen. Unmittelbar vor dem Anrichten mit frischen Kräutern bestreuen.
- Als Beilage passen Heurige, Schinken oder marinierter Lachs.

DREI SAUCEN zu Spargel

KRÄUTERSAUCE

8 PERSONEN

Zubereitungszeit ca. 15 Minuten, für den Hühnerfond ca. 3 Stunden

Hühnerfond (siehe Rezept auf S. 159)	40 ml
Obers	200 ml
Dotter	2 Stück
blanchierte Kräuter (z. B. Petersil, Kerbel, Bärlauch, Frühlingszwiebeln) oder Gewürze (z. B. Safran, Kurkuma, Paprika)	50 g
Salz, Pfeffer	

- Hühnerfond laut Rezept zubereiten.
- Das Obers mit Hühnerfond, Dotter und blanchierten Kräutern (oder Gewürzen) im Thermomix 2 Minuten mixen und durch ein feines Sieb passieren.
- Die Sauce bis kurz vor dem Siedepunkt erhitzen (auf ca. 80 °C) und mit Salz und Pfeffer abschmecken. Mit dem Stabmixer schäumen und zum Spargel servieren.

SAUERRAHMSCHAUM

10 PERSONEN

Zubereitungszeit ca. 5 Minuten

Sauerrahm	300 ml
Crème fraîche	100 ml
Salz, Cayennepfeffer, Zitronensaft	

- Alle Zutaten mit dem Stabmixer aufschlagen und servieren.
- Falls Kräuter verwendet werden, diese mit dem Sauerrahm im Thermomix fein pürieren und servieren.

AVOCADO-KURKUMA-CREME

4 PERSONEN

Zubereitungszeit ca. 10 Minuten

Avocado (vollreif)	2 Stück
Crème fraîche	2 EL
Sauerrahm	2 TL
schwarze und weiße Pfefferkörner (gestoßen)	2 EL
Salz, Cayennepfeffer, Ingwer, Zucker, Kurkuma	

- Die Avocado mit Crème fraîche, Sauerrahm, Salz, Cayennepfeffer, Ingwer, Zucker und Kurkuma mit der Gabel zerdrücken oder in der Moulinette fein mixen.
- Die Creme abschmecken und zu Spargel servieren.s

TIPP

Keine Zitrone für die Avocadocreme verwenden. Die Avocado wird sonst schwarz.

TIPP

Statt Shiitake
kann man auch Steinpilze,
Eierschwammerln oder
Champignons verwenden.

KRAUTFLECKERLN mit Shiitake und rotem Paprika

Hausmannskost einmal anders: Hier werden die österreichischen Krautfleckerln mit dem Heilpilz Shiitake aus China gepaart.

4 PERSONEN

Zubereitungszeit ca. 45 Minuten

Fleckerln	200 g
Zucker	2 EL
Weißwein	100 ml
milder Essig	3 EL
Enten- oder Schweineschmalz	1 EL
Zwiebeln (in Streifen geschnitten)	80 g
junges Spitzkraut (in Fleckerln geschnitten)	300 g
roter Paprika (in Streifen geschnitten)	80 g
Salz, Pfeffer	
Koriander, Kümmel	
Gemüsefond	
Shiitake	80 g
Butterschmalz	
rote Paprikavinaigrette (siehe Rezept auf S. 152)	200 ml
Sojasprossen	80 g
Petersil (gehackt)	1 EL

- Einen Topf mit reichlich Salzwasser aufstellen und Fleckerln bissfest kochen.
- In einer großen Pfanne Zucker mit Weißwein zu hellem Karamell rühren und mit Essig ablöschen. Das Schmalz darin zerlassen und Zwiebeln farblos anschwitzen.
- Geschnittenes Spitzkraut und rote Paprikastreifen dazugeben, mit Salz, Pfeffer, Koriander und Kümmel würzen und mit Gemüsefond ablöschen. 2–3 Minuten weich dünsten.
- In einer Pfanne Shiitake in heißem Butterschmalz beidseitig braten und auf einem Küchentuch abtropfen lassen.
- Rote Paprikavinaigrette laut Rezept zubereiten.
- Kurz vor dem Anrichten Fleckerln noch einmal erhitzen, mit Sprossen, gebratenen Shiitake und geschnittem Petersil vermengen und mit Paprikavinaigrette servieren.

GRÜNER VELTLINER LAMM – WEINGUT SCHLOSS GOBELSBURG

Heller Tabak und Haselnuss, gelbe Frucht à la Mirabelle, ausgereift, ausgewogen, mächtig und druckvoll, Waldbeerenton am Gaumen, zupackend und mit einem überraschenden Säurekick im Finish.

KNUSPRIGE ERDÄPFEL
mit Weichkäse und Rotweinnüssen

Ein abgewandeltes Rösti-Rezept, das mit geschmolzenem Weichkäse und eingelegten Nüssen zum raffinierten Hauptgericht mutiert

4 PERSONEN

Zubereitungszeit ca. 1 Stunde

Erdäpfel	200 g
Butterschmalz	
Salz, Pfeffer	
Zucker	2 EL
Balsamico	2 EL
Rotwein	250 ml
Portwein	100 ml
Kartoffelstärke	1 TL
Haselnussöl	1 EL
gemischte Nüsse (geröstet)	80 g
reifer Camembert (in Scheiben geschnitten)	200 g
Apfel (in Streifen geschnitten)	1 Stück

o Erdäpfel waschen, schälen und in feine Streifen schneiden. In einer Schüssel in kaltem Wasser ca. 15 Minuten auswässern. Auf einem Küchentuch trocken reiben.

o In einer großen Pfanne Butterschmalz erhitzen, Kartoffelstreifen in der Pfanne verteilen oder portionsweise im Ausstecher goldgelb anbraten, wenden und ebenfalls knusprig braten. Auf Küchenpapier abtropfen lassen und die noch warmen Rösti würzen.

o Für die Rotweinnüsse den Zucker in einer Pfanne unter Rühren erwärmen, bis der Zucker goldgelb karamellisiert.

o Mit Balsamico ablöschen und mit Rotwein und Portwein aufgießen. Aufkochen und mit der Stärke binden.

o Flüssigkeit auf etwa 150 ml einkochen und vom Herd nehmen. Reduktion noch warm mit dem Haselnussöl verrühren und geröstete Nüsse unterheben.

o Die Käsescheiben im Backrohr bei starker Oberhitze kurz erwärmen. Sofort mit warmen Rösti, Apfelstreifen und Rotweinnüssen servieren.

BLAUFRÄNKISCH RESERVE –
WEINGUT GIEFING

Dunkelbeerig, ein Hauch von Nadelholz, fleischig und konturiert, vornehmer Holzeinsatz, extraktsüß und voluminös, tief und pikant, schöne Definition, salzige Würze im langen Abgang.

MOHNKNÖDEL
mit Apfelragout

Saftig-süße Fülle in flaumiger Hülle: Mohnknödel sind aus der österreichischen Mehlspeisküche nicht mehr wegzudenken.

4 PERSONEN

Zubereitungszeit ca. 1 3/4 Stunden

TEIG	
Butter	100 g
Ei	50 g
Dotter	20 g
Staubzucker	40 g
Topfen (20% Fett, gut ausgedrückt, ca. 500 g Rohgewicht)	300 g
Zitronensaft	
Vanillemark	1/2 Schote
Salz	1 Prise
Weißbrotbrösel	150 g
FÜLLE	
Mohn (gemahlen)	100 g
Staubzucker	35 g
Honig	1 EL
Rum	
Biskuitbrösel	60 g
Milch (lauwarm)	45 ml
Vanillemark	1/2 Schote
Schokolade (zerlassen)	2 EL
ZUM SERVIEREN	
Mohn (gemahlen)	
Staubzucker (zum Wälzen)	
Apfelragout (siehe Rezept auf S. 165)	

- Für den Teig Butter, Ei, Dotter und Zucker schaumig schlagen. Die restlichen Zutaten dazugeben und 20 Minuten rasten lassen.
- Für die Fülle Mohn in einem Topf kurz anrösten. Zucker und Honig zugeben und die Mischung leicht karamellisieren lassen.
- Mit Rum ablöschen, Biskuitbrösel und Milch einrühren und bei kleiner Hitze leicht köcheln, bis die Masse fest wird.
- Vanille und Schokolade einrühren, Topf vom Herd nehmen, Masse auskühlen lassen, zu Kugeln formen und für ca. 1 Stunde tiefkühlen.
- Die Mohnkugeln mit dem Knödelteig dünn ummanteln und in Zucker-Salz-Wasser mit etwas Rum ca. 15 Minuten kochen.
- Mohn mit Staubzucker vermengen, Knödel im Mohnzucker wälzen und mit warmem Apfelragout servieren.

RUSTER AUSBRUCH CHARDONNAY & NEUBURGER – WEINGUT GIEFING

Note von Haselnuss und Mandarine, nuanciert und offen, kraftvoll und pikant, perfekt durch die knackige Säure ausgependelt, lange am Gaumen und bringt die traubige Art des Neuburgers gut herüber.

RHABARBERKUCHEN
mit Mandeln und Streusel

Ein saftiger Kuchen, der nicht nur zur Jause schmeckt, sondern auch als Dessert durchgeht

1 BLECH (30 x 40 cm)

Zubereitungszeit ca. 1¼ Stunden, zum Rasten der Streusel ca. 1 Stunde

Butter (Zimmertemperatur)	280 g
Staubzucker	200 g
Schale von ½ Zitrone	
Vanillemark	½ Schote
Salz	1 Prise
Dotter	120 g
Eiklar	150 g
Kristallzucker	100 g
Mehl	260 g
Rhabarber (in kurze Stangen geschnitten)	1 kg
Streusel mit Zimt (siehe Rezept auf S. 161)	300 g
Mandeln (gehobelt)	200 g

- Backrohr auf 190 °C aufheizen. Blech mit Butter bestreichen und mit Mehl bestreuen.
- Butter mit Staubzucker schaumig schlagen, Aromen einrühren und die Dotter nach und nach einlaufen lassen.
- Eiklar und Kristallzucker zu Schnee schlagen. Zuerst Mehl in die Dottermasse rühren, dann Schnee unterheben.
- Kuchenmasse auf das Blech streichen und dicht mit den Rhabarberstangen belegen.
- Streusel gleichmäßig auf dem Kuchen verteilen, mit Mandeln bestreuen und im vorgeheizten Rohr 35–45 Minuten backen.

TIPP

Hat Rhabarber gerade nicht Saison, gelingt der Kuchen auch mit Marillen-, Pfirsich- oder Zwetschkenauflage.

WALD

Der Wald ist nicht nur Jagdrevier und Pilzlieferant, er bietet auch eine Vielfalt von in Vergessenheit geratenen Kräutern, die man gerade deshalb auf der *Pfefferschiff*-Karte wieder findet.

WALD

Mindestens einmal wöchentlich läutet Klaus Fleischhakers Wecker um 3.45 Uhr. Dann fährt er in sein Revier, in den fünf Autominuten entfernten Grafenholzer Wald, um auf die Pirsch zu gehen. Die Affinität zur Jagd hat er seit seiner Kindheit. „Es ist aber nicht nur die Jagd, die mich fasziniert. Ich sitze auch gerne am Hochstand und beobachte, wie die Sonne aufgeht, die ersten Vögel zwitschern und Eichhörnchen auf die Suche nach Nüssen gehen – für mich ist das ein Ausgleich zur Küche."

70 Hektar Wald betreut Fleischhaker, der Mitglied einer Jagdgemeinschaft ist. Arbeitsintensiv sind vor allem die Wintermonate, in denen das Wild gefüttert wird. Da kann es schon vorkommen, dass sich Fleischhaker einen Traktor ausborgen muss: „So etwas hat man als Gastronom nicht am Parkplatz stehen und im Winter ist es wegen der Schneemassen oft nur so möglich, zu den Futterstationen zu kommen."

Der Wald ist nicht nur Fleischhakers Wild-, sondern auch Honig-, Pilz- und Kräuterlieferant. „Ich bin ein Waldmeisterfan. Den bekommst du nicht zu kaufen, dabei ist es im Prinzip nicht viel Arbeit, man muss sich nur hinknien und ihn brocken. Aber das Kräutel ist so intensiv, dass man gar nicht viel davon braucht. Wir setzen immer 20 Liter davon an und machen Bowle, Sorbet oder ein Waldmeister-Champagner-Süppchen daraus."

WILDBOWLE

Für kalte Tage: eine Bowle, die auf Wild und Pilzen basiert und warm statt kalt daherkommt

- Die Wildabschnitte mit Karotten, Sellerie, Lauch, Zwiebeln, Wildgewürz, Salz und Eiklar faschieren. Mit den restlichen Gewürzen mischen und in einem Topf mit kaltem Gemüsefond aufgießen.
- Den Fond bei schwacher Hitze unter mehrmaligem Rühren aufkochen und 1 1/2 Stunden bei kleiner Flamme kochen lassen. Sobald die Suppe aufkocht, darf nicht mehr gerührt werden!
- Den Fond auf ein Tuch gießen und die Wildabschnitte mindestens 1 Stunde abtropfen lassen.
- Die entstandene Suppe bei kleiner Hitze auf 600 ml Flüssigkeit einkochen.
- Gehobelte Pilze, Gemüsekugeln und Sherry in vorgewärmte Gläser verteilen und mit der heißen Suppe auffüllen.
- Kurz vor dem Anrichten etwas geschlagenes Obers auf die Wildbowle setzen und servieren.

4 PERSONEN

Zubereitungszeit ca. 2 Stunden, zum Abtropfen ca. 1 Stunde

Wildabschnitte	250 g
Karotte	50 g
Sellerie	50 g
Lauch	50 g
Zwiebel mit Schale (gebräunt)	30 g
Wildgewürz (siehe Rezept auf S. 150)	
Salz	
Eiklar	60 g
Lorbeerblatt	1 Stück
Thymian, Rosmarin	
Gemüsefond	1 l
gehobelte Pilze (schwarze Trüffel oder Steinpilze)	
bunte Gemüsekugeln (als Einlage)	30 g
Sherry	25 ml
Obers (geschlagen)	
Bowlegläser	4 Stück

TIPP

Als Beilage zu diesem wärmenden Gericht passen Blätterteiggebäck und Pilze.

TIPP

Während des Einreduzierens der Suppe Gläser am besten im vorgeheizten Backrohr wärmen.

BROTSALAT
mit Brennnesseln und Eierschwammerln

Salzburger Brotsalat: In diesem Rezept geben Eierschwammerln und Kräuter den Ton an.

4 PERSONEN

Zubereitungszeit ca. 35 Minuten

Schalotten (in Streifen geschnitten)	8 Stück
gelbe Paprika (geviertelt)	2 Stück
Butterschmalz	
reife Strauchparadeiser oder Paradeiser (geviertelt, ohne Kerne)	12 Stück
Salz, Pfeffer	
Balsamico	
Baguette (vom Vortag, in Scheiben)	120 g
Nussbaguette (vom Vortag, in Scheiben)	120 g
Eierschwammerln	120 g
Basilikumblätter (in feine Streifen geschnitten)	2 EL
Oliven (geviertelt)	24 Stück
Kresse und Salat (nach Marktlage)	
Brennnesselblätter (gebraten)	20 Stück
Olivenöl	
Wachteleier (gekocht)	4 Stück

- Die Schalottenstreifen und die Paprikastücke in einer Pfanne in Butterschmalz farblos anschwitzen. Im letzten Moment die Paradeiser dazugeben, mit Salz und Pfeffer würzen und mit einigen Tropfen Balsamico ablöschen und vom Herd nehmen.
- Gemüse auf Küchenpapier abtropfen lassen und warm stellen.
- Die Baguettescheiben auf beiden Seiten in einer Pfanne in Butterschmalz goldgelb braten und ebenfalls auf Küchenpapier abtropfen lassen.
- Die Eierschwammerln in einer heißen Pfanne kurz braten, mit Salz und Pfeffer würzen und mit den Basilikumstreifen schwenken.
- Das angebratene Gemüse und Oliven dazugeben, würzen, mit Olivenöl und Balsamico marinieren und mit Kresse, Salat und Brennnesselblättern dekorativ anrichten.
- Kurz vor dem Servieren mit den gerösteten Baguettescheiben und Wachteleiern vollenden.

RIESLING HEILIGENSTEIN – WEINGUT SCHLOSS GOBELSBURG

Rosa Grapefruit, großes Aromenspektrum am Gaumen, Bergamotten und Stachelbeeren, aber auch ein bisschen Weingartenpfirsich im Hintergrund, dicht, mit fordernder Säure.

REHRÜCKENFILET mit Kakao und Bergpfeffer, Dörrobstchutney und Erdäpfel-Petersil-Mille-feuille

Ein Gericht mit Klasse: zarte Fülle in spektakulärer Hülle und ein luftig-leichter Turm aus Gebäck und Kräuterpüree

4 PERSONEN

Zubereitungszeit ca. 1¾ Stunden, zum Ziehen 24 Stunden

Rehrückenfilet (ohne Haut und Sehnen)	500 g
Salz	
Wildgewürz (siehe Rezept auf S. 150)	
Butterschmalz	
Rotwein	100 ml
Portwein	100 ml
kalte Butterwürfel	50 g
Dörrobstchutney (siehe Rezept auf S. 153)	120 g
flüssige Butter	
Strudelteigblätter	8 Stück
Sesam	
Erdäpfel-Petersil-Püree (siehe Rezept auf S. 150)	400 g
Kakaobohnen (gemahlen)	2 EL
Bergpfeffer	1 EL

- Backrohr auf 100 °C vorheizen. Das Rehrückenfilet mit Salz und Wildgewürz würzen.
- In einer Pfanne Butterschmalz erhitzen und das Filet rundum anbraten. Im vorgeheizten Rohr ca. 8 Minuten rosa braten – das Filet sollte eine Kerntemperatur von 53 °C haben – und warm stellen.
- Für die Sauce Bratenrückstand mit Rot- und Portwein ablöschen, bei niedriger Hitze einreduzieren und mit kalten Butterwürfeln sämig rühren.
- Dörrobstchutney laut Rezept zubereiten.
- Backrohr auf 200 °C vorheizen. Ein Backblech mit flüssiger Butter bestreichen. Strudelteigblätter in Dreiecke schneiden und ebenfalls mit flüssiger Butter bestreichen. Auf das Blech legen und mit Sesam bestreuen. Strudelteig im vorgeheizten Rohr goldgelb backen und noch warm leicht salzen.
- Erdäpfel-Petersil-Püree laut Rezept zubereiten und je zwei Strudelteigdreiecke damit füllen.
- Den Kakao mit dem Bergpfeffer fein mixen, das warme Rehfilet in der Mischung wälzen und mit einem scharfen Messer in Scheiben schneiden. Filetscheiben mit Dörrobstchutney, Bratensaft und Erdäpfel-Petersil-Mille-feuille servieren.

TIPP

Es muss nicht immer Rehrücken sein. Stattdessen kann man auch Rehkeule (Nuss) verwenden.

BLAUFRÄNKISCH RESERVE – WEINGUT KRUTZLER

Feinwürzige Herzkirschfrucht, zarte Weichseln und Tabak, facettenreiches Bouquet; am Gaumen elegant und sehr ausgewogen, rotbeerige Nuancen, feine Tannine, elegante zitronige Nuancen im Abgang.

FELDHASENFILET mit Topfennockerln, Grammeln, Rotweinsaft und Brokkolitatar

Imposante Showeinlage: Neben dem zarten Hauptakteur stehen auch die flaumigen, pikanten Topfennockerln im Rampenlicht.

4 PERSONEN

Zubereitungszeit ca. 1¼ Stunden

Feldhasenrückenfilets	4 Stück
Wildgewürz (siehe Rezept auf S. 150)	1 TL
Salz, Pfeffer	
Butterschmalz	
Rosmarinzweig	1 Stück
Thymianzweig	1 Stück
Topfennockerln (siehe Rezept auf S. 150)	400 g
Rotwein	300 ml
Preiselbeeren (nicht zu süß, für die Sauce)	2 EL
kalte Butterwürfel	30 g
Brokkoli (küchenfertig)	200 g
Obers	100 ml
Cayennepfeffer	
Muskatnuss	
Grammeln (fein geschnitten, knusprig gebraten)	2 EL

- Backrohr auf 100 °C vorheizen. Die Hasenfilets einrollen und mit einem Zahnstocher fixieren.
- Fleisch mit Wildgewürz, Salz und Pfeffer würzen, in einer Pfanne in Butterschmalz rundum anbraten und gemeinsam mit Rosmarin und Thymian im vorgeheizten Rohr 8–10 Minuten rosa braten.
- Die Kerntemperatur sollte 53 °C betragen. Das Fleisch sollte vor dem Tranchieren mindestens 10 Minuten rasten.
- Topfennockerln laut Rezept zubereiten.
- Für die Sauce Bratenrückstand mit Rotwein ablöschen, Preiselbeeren einrühren und Flüssigkeit auf die Hälfte einkochen. Vom Herd nehmen, durch ein Sieb streichen und abschmecken. Die kalten Butterwürfel in die Sauce einrühren.
- Für das Brokkolitatar den Brokkoli in Salzwasser bissfest kochen und in Eiswasser abschrecken. Gut abtropfen und fein hacken. Das flüssige Obers aufkochen, mit Salz, Cayennepfeffer und Muskatnuss würzen.
- Brokkoli kurz im Obers erhitzen, abschmecken und sofort mit dem Filet und dem Rotweinsaft anrichten und mit warmen Grammeln bestreuen.

ST. LAURENT VOM STEIN – WEINGUT UMATHUM

Intensive Aromen von dunklen Beeren und Herzkirschen, reintönige und saftige Frucht, dicht und stoffig am Gaumen, harmonisch integrierte Holznoten, kraftvolle Würze, ausdauernd und lang.

HIRSCHKALBSRÜCKEN in der Weißbrotkruste mit Eierschwammerln, Sellerie und Preiselbeeren

Tramezzini à la Fleischhaker: eingerollter Hirschkalbsrücken mit raffiniert zubereitetem Sellerie

4 PERSONEN

Zubereitungszeit ca. 1¾ Stunden,
zum Rasten ca. 1 Stunde,
zum Köcheln des Jus ca. 2 Stunden
zum Tiefkühlen der Farce ca. 30 Minuten

Wildgewürz (siehe Rezept auf S. 150)	
Wildjus (siehe Rezept auf S. 158)	200 ml
Preiselbeeren (gerührt) (siehe Rezept auf S. 160)	2 EL
Hirschkalbsrückenfilet (ohne Haut und Sehnen)	400 g
Salz, Pfeffer	
Fleischfarce (siehe Rezept auf S. 152)	120 g
Petersil (fein gehackt)	1 EL
Tramezzinibrot	2 Scheiben
Staudensellerie (blanchiert, in 7 cm lange Stücke geschnitten)	4 Stangen
Butter	
Gemüsefond (siehe Rezept auf S. 151)	
Eierschwammerln (geputzt)	120 g
Blätter vom Staudensellerie	
Selleriepüree (siehe Rezept auf S. 150)	120 g

- Wildgewürz, Wildjus und gerührte Preiselbeeren laut Rezept herstellen. Selleriepüree laut Rezept zubereiten und warm stellen.
- Das Hirschfilet mit Wildgewürz, Salz und Pfeffer würzen. Fleischfarce mit gehacktem Petersil vermengen.
- Das Tramezzinibrot auf eine Frischhaltefolie legen, mit dem Nudelholz rollen und mit der Petersil-Fleisch-Farce gleichmäßig bestreichen. Das Hirschfilet daraufsetzen und behutsam eine feste Rolle formen.
- Rolle mit Frischhaltefolie einpacken und im Kühlschrank 1 Stunde rasten lassen.
- Backrohr auf 100 °C aufheizen. Hirsch-Tramezzinirolle auspacken und in der Pfanne im 2 cm hohen heißen Fett goldgelb anbraten.
- Im vorgeheizten Rohr ca. 15–20 Minuten rosa braten. Die Kerntemperatur sollte bei 53 °C liegen. Vor dem Aufschneiden Fleisch mindestens 10 Minuten rasten lassen.
- Die Selleriestangen mit etwas Butter und Salz in Gemüsefond wärmen. Die Eierschwammerln kurz in der Pfanne in Butter anbraten.
- Die Stangen mit dem warmen Selleriepüree füllen und mit gebratenen Eierschwammerln, Sellerieblättern, gerührten Preiselbeeren und Wildjus zum Hirschkalbsrücken servieren.

SOLITAIRE –
WEINGUT FEILER ARTINGER

Dunkle Beeren, Vanille, im Geschmack viel Frucht und Würze, sehr vollmundig und zugleich geschmeidig, zum Abgang hin immer mineralischer und feiner, üppig-elegantes Tannin, perfekte Länge.

PREISELBEER-Topfen-Schmarren

Eine österreichische Mehlspeise mit fein säuerlichem Kontrastprogramm

- Den Eidotter mit dem ganzen Ei, 40 g Zucker, Vanille und Zitronenschale schaumig schlagen. Backrohr auf 200 °C aufheizen.
- Topfen, Mehl und Rum mit der Eimasse glatt rühren. Das Eiklar mit dem Kristallzucker und einer Prise Salz zu Schnee schlagen.
- Geschlagenes Eiklar behutsam unter die Schmarrenmasse heben.
- In einer Pfanne Butterschmalz erhitzen, den Schmarrenteig eingießen und im vorgeheizten Rohr ca. 12 Minuten backen.
- Sobald der Schmarren goldgelb gebacken ist, Pfanne aus dem Rohr nehmen, auf ein Blech stürzen, mit Zucker bestreuen. Den Schmarren bei starker Oberhitze bzw. unter der Grillschlange karamellisieren.
- In große Stücke schneiden bzw. reißen und mit den Preiselbeeren und dem Sauerrahmschaum servieren.

TIPP

Für die Sauerrahmcreme 300 ml Sauerrahm, 2 EL Crème fraîche, 20 ml Zitronensaft und 50 g Staubzucker mit dem Stabmixer aufschlagen.

PINOT CUVÉE RUSTER AUSBRUCH – WEINGUT FEILER-ARTINGER

Besticht durch seine perfekte Harmonie von Haselnuss- und Vanillearomen der Eiche und den exotischen Fruchtaromen des Weines, wunderschön cremige Textur, sehr elegant und lang.

2 PERSONEN

Zubereitungszeit ca. 45 Minuten

Eidotter	1 Stück
Ei	1 Stück
Kristallzucker	40 g
Vanillemark	1 Schote
Zitronenschale	
Topfen	70 g
Mehl	40 g
Rum	10 ml
Eiklar	60 g
Kristallzucker	20 g
Salz	1 Prise
Butterschmalz	1 EL
Preiselbeeren (gerührt; siehe Rezept auf S. 160)	60 g
Sauerrahmcreme (siehe Tipp)	100 ml
Kristallzucker (zum Karamellisieren)	

TIPP

Der Schmarren schmeckt *Pfefferschiff*-Gästen auch mit Marillenkompott oder Himbeeren.

TIPP

Will man die Rastzeit verkürzen, gießt man 100 ml warmes Wasser unter die Datschimasse oder knetet die Masse fest durch, sodass die Beeren aufplatzen und dem Teig die nötige Bindung geben.

SCHWARZBEERDATSCHI
mit Vanilleschaum

Ein unangefochtener Klassiker, der immer wieder in die süße Karte im *Pfefferschiff* aufgenommen wird

4 PERSONEN

Zubereitungszeit ca. 30 Minuten, Rastzeit ca. 2 Stunden

Schwarzbeeren	500 g
glattes Mehl	100 g
Salz	1 Prise
Vanillepuddingpulver	1 EL
Vanillezucker	1 EL
Schale einer halben Orange (fein gehackt)	
Schale einer halben Zitrone (fein gehackt)	
Butterschmalz	
Kristallzucker	
Staubzucker	
kalter Vanilleschaum (siehe Rezept auf S. 160)	
Heidelbeeren für die Garnitur (gezuckert)	

o Schwarzbeeren mit Mehl, Salz, Vanillepuddingpulver, Vanillezucker, Orangen- und Zitronenschale vermischen und zwei Stunden ziehen lassen (die Beeren lassen Flüssigkeit).

o In einer Pfanne Butterschmalz erhitzen, die Datschimasse löffelweise in die Pfanne setzen und knusprig durchbraten. Im letzten Moment wenden und mit Kristallzucker bestreuen.

o Schwarzbeerdatschi im vorgeheizten Rohr bei starker Oberhitze (250–280 °C) oder unter der Grillschlange 1–2 Minuten karamellisieren, mit Staubzucker bestreuen und mit Vanilleschaum und gezuckerten Heidelbeeren servieren.

RUSTER AUSBRUCH TURNER – WEINGUT HEIDI SCHRÖCK

Aromen von Dörrobst, Orangenmarmelade, Quitte und Lebkuchen; sehr konzentrierte Frucht, gut eingebundene Süße, mineralische Noten, die von der einzigartigen Lage des Turner kommen.

GARTEN

Ein Ort mit beschränktem Zutrittsrecht und Fleischhakers ganzer Stolz. Geerntet werden Ribiseln, Lavendelblüten und Walnüsse direkt vor der Tür und meist von der Hausherrin oder dem Patron persönlich.

GARTEN

Für seine eingelegten schwarzen Nüsse muss Klaus Fleischhaker nicht weit gehen. Der 90 Jahre alte Walnussbaum steht direkt vor der Tür des Restaurants und trägt nicht nur mehr Früchte, als das Küchenteam das ganze Jahr über braucht, sondern ist auch Schattenspender und Lunge des Hauses. Ribiseln werden vom Strauch nebenan gerebelt und zwischen den Rosen wachsen duftende Lavendelstöcke. „Die rasiere ich komplett ab und lege die Blüten zum Trocknen am Dachboden auf Papier." Der selbst angelegte Kräutergarten ist Fleischhakers Stolz. Fremden ist der Zutritt verboten: „Ich mag es nicht, wenn irgendjemand in meinen Garten geht, der die Kräuter nicht von Unkraut unterscheiden kann. Man braucht schon ein gewisses Gespür dafür." Eingesetzt werden die Kräuter im süßen wie im sauren Bereich, als Essenz, aber auch als Eyecatcher. „Wir hatten an einem Abend amerikanische Gäste bei uns im Gastgarten, die beobachtet haben, wie unser Patissier Minzeblätter für die Dekoration gezupft hat. Sie haben gefragt, was mit den Kräutern passiert, und wir haben ihnen erklärt, dass wir sie für die Gerichte verwenden. Das Pärchen war begeistert und hat den Patissier von allen Seiten im Kräutergarten fotografiert, weil eine Szene wie diese für sie undenkbar war."

KALTE KRESSESUPPE mit grünem Gemüse, Cashewnüssen und Frühlingsblüten

Eine Melange aus Kräutern, Blüten und grünem Gemüse, die nicht nur geschmacklich, sondern auch optisch Eindruck macht

4 PERSONEN

Zubereitungszeit ca. 30 Minuten

Kresse	2 Kästchen
Joghurt	100 ml
Sauerrahm	150 ml
Crème fraîche	150 ml
Salz, Cayennepfeffer	
Hopfenspargel (oder grüner Spargel)	
Erbsenschoten	
Staudensellerie	
grüne Bohnen	
milder weißer Essig	
Olivenöl	
Salz, Zucker	
Salat (nach Saison, z. B. Rucola, Frisée- oder Häuptelsalat)	
Blüten (nach Saison)	
Cashewnüsse (geröstet und leicht karamellisiert)	

- Die Kresse mit Joghurt im Thermomix fein pürieren und durch ein Sieb streichen. Kressejoghurt mit Sauerrahm und Crème fraîche glatt rühren.
- Mit Salz und einer Prise Cayennepfeffer abschmecken. Keinen Zitronensaft einrühren. Die Kressesuppe würde sonst grau werden.
- Kurz vor dem Servieren Suppe mit dem Stabmixer schäumen und in flache Teller gießen.
- Grünes Gemüse, roh oder bissfest gekocht, mit Essig und Olivenöl marinieren, mit Salz und Zucker würzen und auf den Kressespiegel legen.
- Dekorativ mit Salatspitzen, Blüten und den gerösteten Cashewnüssen vollenden.

TIPP

Es muss nicht unbedingt Kresse sein: Die Suppe schmeckt auch mit Petersil oder Sauerampfer.

KALTE GURKENSUPPE mit Borretsch, Beinschinkencrostini und Radieschen

Eine erfrischende, aromatische Sommersuppe, die sich durch ein Minimum an Aufwand auszeichnet

4 PERSONEN

Zubereitungszeit ca. 30 Minuten

SUPPE	
Gurke (mit Schale, bei Feldgurken ohne Schale)	1 Stück
kalte Gemüsesuppe	100 ml
Knoblauch (gepresst)	1 Msp.
Sauerrahm	120 ml
Joghurt	50 ml
Borretschblätter	3 Stück
Salz, Cayennepfeffer, Zucker	
weißer Essig	
BEINSCHINKENCROSTINI	
Brotscheiben	4 Stück
Beinschinken (in feine Streifen geschnitten)	120 g
Radieschen (in feine Streifen geschnitten)	2 Stück

- Für die Suppe Gurke entkernen, würfelig schneiden und gemeinsam mit Gemüsesuppe, Knoblauch, Sauerrahm, Joghurt und Borretschblättern fein mixen.
- Mit Salz, Cayennepfeffer, Zucker und weißem Essig abschmecken.
- Für die Beinschinkencrostini Brotscheiben frittieren oder in der Pfanne goldgelb braten und auf Küchenpapier abtropfen lassen.
- Das warme Brot leicht salzen, die Beinschinkenstreifen auf den frittierten Brotschnitten anrichten und mit Radieschen bestreuen.

INFO

Der feinsäuerliche Borretsch gehört zu den Raublattgewächsen und besitzt große weiche Blätter, die mit Borsten besetzt sind. Geschmacklich erinnert er an Gurke und ist deshalb auch unter dem Namen Gurkenkraut bekannt.

APFEL-CURRY-SUPPE
mit marinierter Lachsforelle

Ein Starter, der mit einem Hauch Exotik für Überraschung am Gaumen sorgt

- Apfel, Stangensellerie und Zwiebel in einem Topf in Butter glasig dünsten, Currypulver, Safranfäden, Zitronenschale und Ingwer dazugeben und kurz schwenken.
- Gemüse mit dem Fond aufgießen, aufkochen und bei kleiner Hitze auf 400 ml Flüssigkeit reduzieren. Obers dazugeben und weitere 10 Minuten kochen.
- Suppe vom Herd nehmen, mit kalten Butterwürfeln fein mixen, passieren und mit Salz, Zitronensaft und Cayennepfeffer abschmecken.
- Kurz vor dem Servieren Läuterzucker auf einen kleinen Teller gießen, Glasrand 3 mm tief in den Läuterzucker tauchen, gut abtropfen und das Glas in dem geschnittenen Koriander drehen.
- Suppe mit dem Stabmixer aufschäumen und in den Gläsern verteilen. Marinierte Lachsforelle extra auf einem Teller anrichten.

TIPP

Für den Läuterzucker Wasser und Zucker zu gleichen Teilen aufkochen, auskühlen lassen und weiter verwenden.

4 PERSONEN

Zubereitungszeit ca. 1 Stunde

Apfel (gewürfelt)	1 Stück
Staudensellerie (gewürfelt)	3 Stangen
Zwiebel (gehackt)	1 EL
Butter	20 g
Currypulver	1 TL
Safranfäden	2 Stück
Zitronenschale	
Ingwer (gehackt)	1 1/2 TL
Gemüsefond	600 ml
Obers	100 ml
kalte Butterwürfel	60 g
Salz, Cayennepfeffer	
Zitronensaft	
Läuterzucker (für den Glasrand, siehe Tipp)	50 ml
Koriander (geschnitten, für den Glasrand)	2 EL
marinierte Lachsforelle	4 Stück (à 50 g)

SUPPE, SPÄTZLE und PESTO vom Bärlauch mit Räucherfisch

Der Frühling kann kommen: Dreierlei vom Bärlauch mit kalt geräuchertem Forellentatar

4 PERSONEN

Zubereitungszeit ca. 1 Stunde,
zum Kühlen der Spätzlemasse ca. 20 Minuten

frischer Bärlauch	150 g
Zwiebel (in Streifen geschnitten)	1 Stück
Champignons (geschnitten)	50 g
Knoblauchzehen	4 Stück
Sonnenblumenöl	2 EL
leichter klarer Hühner- oder Gemüsefond	700 ml
Salz, Cayennepfeffer, Muskatnuss	
Bärlauchpesto (siehe Rezept auf S. 157)	1 EL
Obers (geschlagen)	2 EL
Bärlauchspätzle (siehe Rezept auf S. 151)	60 g
kalt geräucherte Forelle (in Würfel geschnitten)	120 g

- Bärlauch (einige Blätter beiseitelegen), Zwiebel, Champignons und Knoblauch in einer Pfanne in Sonnenblumenöl glasig dünsten.
- Gemüse mit dem Fond aufgießen, mit Salz, Cayennepfeffer und Muskatnuss würzen und bei kleiner Hitze 20 Minuten ziehen lassen.
- Währenddessen Bärlauchpesto laut Rezept zubereiten. Schlagobers behutsam mit dem Pesto vermengen und kalt stellen.
- Suppe durch ein Küchentuch ablaufen lassen und nochmals abschmecken. Die beiseitegelegten frischen Bärlauchblätter in eine vorgewärmte Kaffeekanne geben.
- Mit klarer Bärlauchsuppe aufgießen und den Siebeinsatz herunterdrücken.
- Bärlauchspätzle laut Rezept zubereiten.
- Bei Tisch die klare Bärlauchsuppe in vier Gläser mit Bärlauchspätzle und Räucherfischtatar gießen und mit Bärlauchschlagobers garnieren.

RIESLING TYP 2 – WEINGUT DZ

Familiäre Bande verbinden Petra Fleischhaker mit dem Weingut DZ, daher zu diesem Gericht eine grenzüberschreitende Weinempfehlung: elegant, mit perfekten Marillenoten, zarter Karamellton, augezeichnete Balance zwischen Säure und Frucht.

KALTE PAPRIKACREME
mit Schafkäse-Gervais

Gazpacho à la *Pfefferschiff*: Das Gemüse bleibt nicht wie beim Original im Rohzustand, die Suppe ist aber trotzdem der ideale Cooler für heiße Tage.

4 PERSONEN

Zubereitungszeit ca. 30 Minuten, zum Kühlen ca. 1 Stunde

roter Paprika (in Streifen geschnitten)	500 g
Schalotten (in Streifen geschnitten)	60 g
Butter	30 g
Weißwein	50 ml
Gemüse- oder Hühnerfond	300 ml
Paradeiser (vollreif, in Würfel geschnitten)	1 Stück
Salz, Pfeffer, Zucker	
Olivenöl (kalt gepresst)	
Schafkäse-Gervais (siehe Rezept auf S. 151)	200 g
Melanzanischeiben (knusprig frittiert)	8 Stück
Pinienkerne (geröstet)	1 EL
Basilikumblätter (frittiert)	4 Stück

- Paprika und Schalotten in einer Pfanne in Butter glasig dünsten. Mit Weißwein ablöschen und Flüssigkeit komplett einreduzieren.
- Paprikaragout würzen, mit dem Fond aufgießen und Paradeiser zugeben. Bei kleiner Hitze weich kochen, anschließend im Mixer pürieren, passieren und die Creme auf 500 g reduzieren.
- Paprikacreme mit Salz, Pfeffer, Zucker und Olivenöl abschmecken und ca. 1 Stunde kalt stellen.
- Auf weite tiefe Teller verteilen, den Schafkäse-Gervais mit knusprigen Melanzaniblättern in die Mitte setzen und mit gerösteten Pinienkernen und frittierten Basilikumblättern servieren.

SAUVIGNON BLANC
– WEINGUT TRUMMER

Aromen von Buchsbaum, Cassis und zarten Stachelbeernoten in der Nase, am Gaumen feine Säure, frisch und mit saftigen Früchten, anregend und knackig, balanciert und elegant

TIPP

Statt Melanzani passen auch Süßkartoffelchips sehr gut zur Paprikacreme.

MILCHRAHMAUFLAUF mit Petersil-Ginger-Ale-Granité und Erdbeermark

Ein Mehlspeisklassiker, den Fleischhaker statt mit obligater Vanillesauce mit einem belebenden Kräutergranité inszeniert

4 PERSONEN

Zubereitungszeit ca. $1\frac{1}{2}$ Stunden, zum Rasten 1 Stunde, für das Granité ca. 14 Stunden, zum Marinieren der Erdbeeren ca. 6 Stunden

Milchbrot (in feine Würfel geschnitten)	100 g
Milch (zum Beträufeln)	
Butter	50 g
Dotter	60 g
Vanillemark	1 Schote
Zitronenschale	
Salz	1 Prise
Staubzucker	40 g
Topfen	50 g
Sauerrahm	60 ml
Petersil-Ginger-Ale-Granité (siehe Rezept auf S. 160)	
Erdbeermark (siehe Rezept auf S. 162)	
Eiklar	90 g
Kristallzucker	20 g
Strudelteigblätter (tiefgekühlt)	

- Die Milchbrotwürfel mit etwas Milch beträufeln. Die Butter gemeinsam mit Dotter, Vanille, Zitronenschale, Salz und Staubzucker schaumig schlagen.
- Die Dottermasse mit dem Topfen und dem Sauerrahm glatt rühren, die Milchbrotwürfel unterheben und ca. 1 Stunde rasten lassen.
- Währenddessen Petersil-Ginger-Ale-Granité und Erdbeermark laut Rezept zubereiten.
- Das Eiklar mit Kristallzucker zu Schnee schlagen und behutsam unter die Masse heben. Backrohr auf 200 °C aufheizen.
- Formen mit Butter bestreichen und mit Strudelteigblättern auslegen. Der Teig sollte mindestens 2 cm über den Rand ragen.
- Die Formen zu zwei Dritteln mit der Masse füllen, die Strudelteigblätter locker schließen und im vorgeheizten Rohr ca. 16 Minuten goldgelb backen.
- Milchrahmstrudel mit Granité und Erdbeermark servieren.

RUSTER AUSBRUCH – WEINGUT ERNST TRIEBAUMER

Intensiv würzige Fruchtaromatik, reif und saftig, jugendlich lebhafter Biss, malzig mit zimtigen Komponenten, cremiger Schmelz mit langem, pikantem Abgang.

KIRSCHRAGOUT im Strudelblatt

Überraschungspaket: Unter dem knusprigen Strudelblatt versteckt sich eine geballte Ladung Aroma.

- Die Kirschen waschen, abtropfen lassen und entsteinen, in ein Weckglas füllen und zur Seite stellen.
- Die Kerne in einem Topf mit Rotwein und Portwein aufgießen und aufkochen.
- Topf vom Herd nehmen, Kirschenkerne 20 Minuten ziehen lassen und abseihen. Den Kirschsaft mit Cassislikör, Vanilleschote, Zimtstange, Honig, Orangen- und Zitronenschale aufkochen.
- Das Puddingpulver mit Amaretto und Kirschwasser verrühren, Kirschsaft damit binden und auf 500 ml Flüssigkeit einkochen. Abschmecken und noch kochend heiß über die Kirschen gießen.
- Die Kirschen mindestens 2 Stunden marinieren. Währenddessen den Vanilleschaum laut Rezept zubereiten.
- Backrohr auf 190 °C aufheizen. Die Strudelblätter ausstechen, mit flüssiger Butter auf beiden Seiten bestreichen und auf der oberen Seite mit Staubzucker bestreuen. Im vorgeheizten Rohr goldgelb backen.
- Das Kirschragout in tiefen Tellern oder Gläsern anrichten, mit den Strudelblättern abdecken und mit Vanilleschaum und gehobelter Schokolade servieren.

SAUVIGNON BLANC BEERENAUSLESE –
WEINGUT KOLLWENTZ

Helles Goldgelb, feiner Duft nach Honig und exotischen Früchten. Am Gaumen würzig und tiefgründig, mit zartem Marillentouch, fein und leichtfüßig mit eleganter Süße.

4 PERSONEN

Zubereitungszeit ca. 1 3/4 Stunden, zum Marinieren ca. 2 Stunden

Kirschen	450 g
Rotwein	350 ml
Portwein	200 ml
Cassislikör	150 ml
Vanillemark	1 Schote
Zimtstange	1 Stück
Honig	30 g
Orangen- und Zitronenschale	
Vanillepuddingpulver	10 g
Amaretto	30 ml
Kirschwasser	30 ml
Vanilleschaum (siehe Rezept auf S. 160)	
Strudelblätter	4 Stück
Butter (flüssig)	2 EL
Staubzucker	2 EL
Schokolade (gehobelt)	

KLETZENRAVIOLI
mit karamellisiertem Birnenkompott

Zweierlei von der Birne: einmal als sündhaft süße Ravioli-Fülle und einmal als erfrischend säuerliches Kontrastprogramm

8 PERSONEN

Zubereitungszeit ca. 1 ³/₄ Stunden, zum Rasten des Germteigs 50 Minuten, zum Ziehen des Kompotts ca. 24 Stunden

Birnenkompott (siehe Rezept auf S. 164)	
Germteig (siehe Rezept auf S. 160)	
Kletzen	250 g
Zucker (nach Bedarf)	
Rum	
Zimt, Lorbeer	
Zitronensaft und -schale	
Topfen	60 g
Honig	70 g
Butter	200 g

- Birnenkompott und Germteig laut Rezept zubereiten.
- Für die Kletzennudeln die Kletzen putzen und in einem Topf mit wenig Wasser, Zucker, 10 ml Rum, Zimt, Lorbeer, Zitronensaft und -schale bei kleiner Hitze weich kochen.
- Kletzen abseihen und gut abtropfen, anschließend die Kletzen faschieren. Kletzenfond zur Seite stellen.
- Die faschierten Kletzen mit Topfen, 50 g Honig, 50 ml des Kletzenfonds und etwas Rum glatt rühren und abschmecken.
- Germteig ausrollen und Kreise ausstechen.
- Kletzenmasse jeweils auf eine Hälfte eines Kreises füllen, Teig zusammenklappen und die Ränder mithilfe einer Gabel festdrücken.
- Kletzenravioli in einem Topf in Salz-Zucker-Wasser ca. 6 Minuten gar ziehen.
- In einer Pfanne Butter mit 20 g Honig bei kleiner Hitze verrühren, Kletzenravioli darin schwenken und mit dem warmen Birnenkompott servieren.

HILL 3 – WEINGUT HILLINGER

In der Nase Aromen von Akazienhonig mit feinen Orangennoten im Hintergrund; der Gaumen sehr dicht strukturiert mit perfekt eingebundener Säure, das Finish schier unendlich.

TIPP

Außerhalb der Hollersaison kann man die Erdbeersuppe auch mit Apfelradeln oder Topfenknödeln servieren.

ERDBEERSUPPE
mit gebackener Holunderblüte

Unwiderstehlich: ein fruchtiges, tiefrotes Süppchen, auf das eine Wolke aus Holunderblüten gebettet wird

4 PERSONEN

Zubereitungszeit ca. 45 Minuten, zum Marinieren ca. 6 Stunden

Erdbeeren	250 g
Holunderblütensirup	440 ml
Gelatine	1 Blatt
Sekt	70 ml
Holunderblüten	8 Stück
Öl	25 ml
Mehl	180 g
Dotter	40 g
Vanillezucker	
Zitronenschale	
Zimt	
Salz	1 Prise
Eiklar	60 g
Kristallzucker	30 g
Butterschmalz	
Staubzucker (zum Bestreuen)	

- Für die Erdbeersuppe in einer Schüssel Erdbeeren behutsam mit 70 ml Holunderblütensirup marinieren, mit Frischhaltefolie abdecken und 6 Stunden ziehen lassen.
- Gelatine in kaltem Wasser einweichen. Marinierte Erdbeeren mit dem Stabmixer fein pürieren. 2 EL vom Sekt erwärmen, Gelatine darin auflösen, in die Erdbeersuppe rühren und kalt stellen.
- Für die Holunderblüten 370 ml Sirup, Öl, Mehl, Dotter, Vanillezucker, Zitronenschale, Zimt und Salz verrühren. Das Eiklar mit Kristallzucker zu steifem Schnee schlagen und unter den Teig ziehen.
- In einer flachen Pfanne etwas Butterschmalz erhitzen. Die Holunderblüten am Stiel halten, durch den Backteig ziehen und goldgelb backen. Auf Küchenpapier abtropfen und mit Staubzucker bestreuen.
- Kurz vor dem Servieren den restlichen Sekt in die Erdbeersuppe rühren, in tiefe Teller gießen und mit gebackenen Holunderblüten servieren.

MUSCATO –
WEINGUT GÜNTER TRIEBAUMER

Feine Perlage, intensiver Duft nach saftig-reifer Ananas, Mango, blühendem Holler, Sanddorn und Dirndln, feine Muskateller-Anklänge, delikate Fruchtsüße, pikante, ja rassige Säure, cremige Kohlensäure.

KIRSCH-GUGELHUPF

Ein saftiger Kuchen aus Kirschen, Schokolade und Nüssen, der durchaus auch als Dessert serviert werden kann

1 GUGELHUPF

Zubereitungszeit ca. 1 $^{1}/_{4}$ Stunden

Butter	130 g
Dotter	5 Stück
Staubzucker	60 g
Vanillezucker	
Zimt, Zitronenschale	
Eiklar	150 g
Kristallzucker	60 g
Salz	1 Prise
Nüsse (gerieben)	130 g
dunkle Schokolade (gerieben)	80 g
Mehl	60 g
Kirschen (entsteint)	300 g
Biskottenbrösel	40 g

- Backrohr auf 180 °C aufheizen. Eine Gugelhupfform mit Butter ausstreichen und mit griffigem Mehl bestreuen.
- Die Butter mit Dotter, Staubzucker, Vanillezucker, Zimt, Rum und Zitronenschale schaumig schlagen.
- Das Eiklar mit Kristallzucker und einer Prise Salz zu Schnee schlagen.
- Die geriebenen Nüsse, Biskottenbrösel, Schokolade und Mehl in einer großen Schüssel vermischen. Butterabtrieb unter die Nussmischung rühren. Anschließend den Schnee unterheben.
- Die Kirschen unter die Masse heben, den Teig in die Gugelhupfform füllen und im vorgeheizten Rohr ca. 40 Minuten backen.
- Vor dem Stürzen den Gugelhupf 5 Minuten rasten lassen, damit er sich leichter von der Form löst.

TIPP

Der Kuchen schmeckt auch sehr gut mit Ribiseln oder Himbeeren.

4 KNÖDEL-Variationen

Von knusprig und leicht bis flaumig und deftig: vier herzhafte Ideen zum Thema Knödel und wie man die runde Angelegenheit in Haupt- und Nebenrollen ideal besetzen kann

SPINATKNÖDEL mit Parmesan, Paradeisern und brauner Butter

Ein zeitlich anspruchsvolles Rezept, das aus einem scheinbar banalen Gericht eine Delikatesse macht

4 PERSONEN

Zubereitungszeit ca. 45 Minuten, zum Abtropfen ca. 24 Stunden, zum Garen ca. 1 Stunde, zum Rasten 2 Stunden

Spinat	800 g
braune Butter	60 g
Knoblauchzehe (fein gerieben)	1 Stück
Ofenerdäpfel	500 g
Eier	3 Stück (à 50 g)
Semmelbrösel	65 g
Salz, Muskatnuss, Pfeffer	
braune Butter	160 g
Paradeiserwürfel oder eingelegte Dattelparadeiser	4 EL
Parmesan	60 g

- Spinat in einem Topf kurz in Salzwasser kochen, durch ein Sieb passieren und im Kühlschrank 24 Stunden abtropfen lassen oder in einem Küchentuch fest ausdrücken, bis ca. 500 g Spinat übrig bleiben.
- In einer Pfanne Butter bei kleiner Hitze bräunen. Im letzten Moment den Knoblauch darin garen. Vom Herd nehmen und auf 20 °C abkühlen.
- Erdäpfel im Rohr bei 200 °C mit der Schale ca. 1 Stunde garen, noch heiß halbieren und die Erdäpfel aus der Schale kratzen. Es sollten 250 g Erdäpfelmasse übrig bleiben. Passieren und mit Eiern, Semmelbröseln und brauner Butter vermengen.
- Ausgepressten Spinat mit der Erdäpfelmasse vermischen, mit Salz, Muskatnuss und Pfeffer würzen und 2 Stunden rasten lassen.
- Einen Topf mit Salzwasser aufstellen. Aus der Masse Knödel formen und einen Probeknödel einkochen. Falls die Knödelmasse zu weich ist, eine kleine Menge Semmelbrösel untermischen.
- Je nach Größe der Knödel 5–7 Minuten im Dampf oder im Salzwasser garen, abseihen und mit brauner Butter, Paradeisern und Parmesan servieren.

TIPP

Sehr gut eignet sich die Erdäpfel-Spinat-Masse auch als Fülle für Ravioli. Die Semmelbrösel muss man in diesem Fall allerdings weglassen.

BLUTWURST-Brandteigknödel

Ein Rezept, bei dem die Knödel sowohl frittiert als auch gekocht perfekt in Szene gesetzt werden können

4 PERSONEN

Zubereitungszeit ca. 1 1/4 Stunden, zum Frieren ca. 20 Minuten

Milch	380 ml
Butter	30 g
Salz, Cayennepfeffer, Muskatnuss	
Mehl	230 g
Eidotter	3 Stück
Butterschmalz zum Backen	
Zwiebel (fein gehackt)	30 g
Blunzen (gebraten, ohne Fett, 500 g Bruttogewicht)	400 g
passierte Ofenerdäpfel (300 g Bruttogewicht)	150 g
Salz, Pfeffer, Thymian	
Zitronenschale (fein gerieben)	
Knoblauch, Piment	
Koriander	
Zimt, Majoran	
Ei	1 Stück

- Für den Brandteig in einem Topf Milch mit Butter, Salz, Cayennepfeffer und Muskatnuss aufkochen und Mehl unter ständigem Rühren einkochen, bis der Teig glatt ist.
- Auf kleiner Hitze abbrennen, bis sich der Teig vom Kochlöffel löst, Topf vom Feuer nehmen und die Brandteigmasse etwas abkühlen.
- Nach und nach Dotter in den Teig einarbeiten und zur Seite stellen.
- Für die Blutwurstfülle fein gehackte Zwiebel und Knoblauch farblos anschwitzen, die gebratene Blutwurst kurz mitrösten und die passierten Erdäpfel dazugeben.
- Die warme Masse kräftig würzen, mit dem Ei binden und kalt stellen. Aus der Blutwurstmasse acht Knödel formen und 20 Minuten tiefkühlen.
- Brandteig dünn ausrollen, die angefrorenen Knödel mit dem Teig einschlagen und in heißem Fett goldgelb backen.

TIPP

Um Kalorien zu sparen, können sie die Knödel auch in Salzwasser kochen und anschließend in fein gehackten Kräutern wälzen.

ERDÄPFEL-GRIESS-Knödel

Einsatzbereit: die ideale Beilage zu Wild, Gans und Schwein

8 PERSONEN

Zubereitungszeit ca. $1\frac{3}{4}$ Stunden, zum Rasten ca. 90 Minuten

Ofenerdäpfel	230 g
Butter	100 g
Dotter	70 g
Salz, Pfeffer, Muskatnuss	
Grieß	140 g
Weißbrotwürfel	100 g
Sauerrahm	60 ml
Speckschwarte, Salz	
braune Butter	80 g
Semmelbrösel	50 g

o Die Erdäpfel mit der Schale im vorgeheizten Rohr bei 200 °C ca. 1 Stunde garen, halbieren, aus der Schale kratzen und noch warm passieren.

o Butter, Dotter, Salz, Pfeffer und Muskatnuss miteinander verrühren. Grieß einrühren und die Masse 30 Minuten rasten lassen.

o Weißbrotwürfel, Sauerrahm und die abgekühlten Erdäpfel mit der Grießmasse vermengen. 60 Minuten rasten lassen.

o Masse zu Knödeln formen und in einem Topf in Salzwasser mit der Speckschwarte ca. 10 Minuten leicht kochen.

o Butter bei kleiner Hitze bräunen und vom Herd nehmen. Mit Bröseln verrühren und mit den Erdäpfel-Grieß-Knödeln servieren.

FORELLENKNÖDEL im Strudelteig

Fisch, einmal ganz unkonventionell, nämlich in Knödelform serviert

4 PERSONEN

Zubereitungszeit ca. 40 Minuten, zum Kühlen ca. 20 Minuten, zum Frieren der Fischfarce 30 Minuten

Fischfarce (siehe Rezept auf S. 152)	80 g
Forellenfilets	300 g
Dillspitzen (fein geschnitten)	1 EL
Gemüsewürfel (blanchiert)	4 EL
Salz, Pfeffer, Vermouth, Zitronensaft	
Eiklar	3 Stück
Mehl	
Strudelteigblätter (tiefgekühlt, in Streifen geschnitten)	150 g

- Fischfarce laut Rezept zubereiten.
- Die Forellenfilets in kleine Würfel schneiden. In einer Schüssel mit Fischfarce, Dillspitzen und blanchierten Gemüsewürfeln verrühren und mit Salz, Pfeffer, Vermouth und Zitronensaft abschmecken.
- Knödel formen und ca. 20 Minuten kalt stellen. Währenddessen Eiklar mit einer Prise Salz anschlagen.
- Die Forellenknödel zuerst in Mehl, anschließend in Eiklar und zuletzt in Strudelteigstreifen rollen.
- Knödel in einem kleinen, hohen Topf in heißem Fett bei 180 °C goldgelb backen.

TIPP

Statt Strudelteig kann man auch Brickteig verwenden.

5 RISOTTO-Variationen

Risotto ist nicht gleich Risotto. Fünf Beispiele, was man aus der italienischen Spezialität alles machen kann, und ein Beweis dafür, dass Klaus Fleischhakers Farbenspiele an Aromenintensität kaum zu überbieten sind.

PAPRIKARISOTTO mit Grammeln und frittiertem Knoblauch

Ein italienischer Klassiker, den Klaus Fleischhaker gekonnt österreichisch inszeniert

4 PERSONEN

Zubereitungszeit ca. 40 Minuten

Zwiebeln (gewürfelt)	50 g
Butter	40 g
Risottoreis	160 g
Weißwein	80 ml
Paprikapüree (rot oder gelb)	100 g
Gemüse- oder Hühnerfond	300 ml
Paprikawürfel (geschmort)	2 EL
Knoblauchscheiben (frittiert)	1 EL
Salz, Pfeffer, Cayennepfeffer	
Kurkuma	1 Msp.
kalte Butter	25 g
Parmesan (gerieben)	2 EL
knusprige Grammeln	2 EL

- Zwiebeln in einer großen Pfanne in Butter glasig dünsten, Risottoreis einrühren und kurz durchschwenken. Mit Weißwein ablöschen und einkochen lassen.
- Paprikapüree unter den Reis mischen und Risotto unter ständigem Rühren nach und nach mit zwei Dritteln vom heißen Fond aufgießen.
- Mit Salz und Pfeffer würzen und ca. 20 Minuten garen, bis der Reis bissfest ist.
- Kurz vor dem Anrichten den Risottoreis mit dem restlichen Fond aufkochen, Paprikawürfel und frittierte Knoblauchscheiben einrühren, mit Gewürzen abschmecken und mit kalter Butter und Parmesan vollenden.
- Im letzten Moment mit lauwarmen Grammeln bestreuen und servieren.

TIPP

Will man den Risotto nicht als Hauptgericht servieren, kann man ihn auch als Beilage gut mit Fisch oder weißem Fleisch kombinieren.

SPARGELrisotto

Ein Duett von sämigem Risottoreis und frisch gestochenem Spargel

o Spargel schälen und die holzigen Enden wegschneiden. In einem Spargeltopf Wasser mit Salz, einer Prise Zucker und einem Schuss Zitronensaft zum Kochen bringen.

o Spargel hineinstellen und je nach Dicke 12–15 Minuten bissfest kochen. Die Spargelspitzen sollten nicht mit Wasser bedeckt sein. Spargel in 2 cm große Stücke schneiden und zur Seite stellen.

o In einer Pfanne Butter erhitzen, gehackte Schalotten glasig dünsten, den Risottoreis einrühren und kurz durchschwenken. Mit Weißwein ablöschen und einkochen lassen.

o Unter ständigem Rühren nach und nach mit heißem Spargelfond aufgießen, mit Salz und Pfeffer würzen und ca. 20 Minuten garen, bis der Reis bissfest ist.

o Pfanne vom Herd nehmen, Spargel einrühren und mit Muskatnuss abschmecken.

o Unmittelbar vor dem Anrichten Risotto mit frisch geriebenem Parmesan und Butterwürfeln binden und mit geschlagenem Obers verfeinern.

4 PERSONEN

Zubereitungszeit ca. 1 Stunde

Spargel	400 g
Salz, Zucker	
Zitronensaft	
Butter	10 g
Schalotten (fein gehackt)	15 g
Risottoreis	120 g
Weißwein (trocken)	80 g
Spargelfond (siehe Rezept auf S. 79)	350 ml
Salz, Pfeffer	
Muskatnuss	1 Prise
Parmesan (gerieben)	40 g
kalte Butterwürfel	40 g
Obers (geschlagen)	2 EL

RISOTTO TREVISIANO
mit Portwein

Aromatischer Kraftakt im Doppelpack: in Portwein geschmorter Radicchio auf stärkendem Risotto gebettet

4 PERSONEN

Zubereitungszeit ca. 45 Minuten

Zucker, Balsamico	
Portwein	100 ml
Rotwein	50 ml
Radicchio Trevisiano (in Streifen geschnitten)	100 g
Risottoreis	160 g
Schalotten (fein gehackt)	15 g
Salz, Pfeffer, Muskat,	
Hühner- oder Gemüsefond	400 ml
kalte Butterwürfel	40 g
Parmesan (gerieben)	40 g

- In einer Pfanne Schalotten und 1 EL Zucker goldgelb karamellisieren und mit 2 EL Balsamico ablöschen. Portwein, Rotwein und Trevisiano dazugeben und so lange einkochen, bis die Flüssigkeit komplett verkocht ist.
- Den Reis einrühren, mit Salz, Pfeffer und Muskat würzen. Unter ständigem Rühren nach und nach mit heißem Gemüsefond aufgießen, so dass der Reis bedeckt ist, und ca. 20 Minuten garen, bis der Reis bissfest ist. Pfanne vom Herd nehmen.
- Kurz vor dem Servieren mit der kalten Butter und dem Parmesan vollenden.

SCHWARZER

Die Edelversion eines Risotto: Mit frischer Trüffel wird

4 PERSONEN

Zubereitungszeit ca. 35 Minuten

Zwiebel	15 g
Butter	10 g
Trüffel (fein gehackt)	20 g
Risottoreis	160 g
Madeira	50 ml
Portwein (weiß)	50 ml
Hühnerfond	350 ml
Salz, Pfeffer, Muskat	
Parmesan (gerieben)	40 g
Butterwürfel	30 g
Trüffelscheiben (schwarz)	20 g

RISOTTO
mit Basilikumpesto

Einfach und raffiniert zugleich: ein Zusammenspiel von sämigem Risottoreis und einem Pesto, das Kultstatus hat

4 PERSONEN

Zubereitungszeit ca. 35 Minuten

Zwiebeln (fein gehackt)	50 g
Butter	40 g
Risottoreis	160 g
Weißwein	80 ml
Gemüse- oder Hühnerfond	400 ml
Salz, Pfeffer	
Basilikumpesto	2 EL
Basilikumblätter (in Streifen geschnitten)	2 EL
kalte Butter	25 g
Parmesan (gerieben)	2 EL

- Zwiebelwürfel in einer Pfanne in Butter glasig dünsten, den Risottoreis einrühren und kurz durchschwenken. Mit Weißwein ablöschen und einkochen lassen.
- Unter ständigem Rühren nach und nach mit heißem Fond aufgießen, mit Salz und Pfeffer würzen und ca. 20 Minuten garen, bis der Reis bissfest ist. Pfanne vom Herd nehmen.
- Kurz vor dem Servieren mit Basilikumpesto, Basilikumstreifen, kalter Butter und Parmesan vollenden.

TIPP

Für selbst gemachtes Pesto einen Bund Basilikum mit 2 EL Pinienkernen, 2 Knoblauchzehen und Salz im Mörser zerstoßen. Nach und nach geriebenen Parmesan und Olivenöl dazugeben, bis ein dickflüssiges Pesto entsteht.

TRÜFFELRISOTTO

das Italo-Rezept zum Gericht der Luxusklasse.

- In einer Pfanne Zwiebel in Butter farblos anschwitzen, fein gehackte Trüffel und den Risottoreis einrühren und kurz durchschwenken.
- Risotto mit Madeira und Portwein ablöschen und einkochen lassen.
- Unter ständigem Rühren nach und nach mit heißem Hühnerfond aufgießen, mit Salz, Pfeffer und Muskatnuss würzen und ca. 20 Minuten garen, bis der Reis bissfest ist. Pfanne vom Herd nehmen.
- Unmittelbar vor dem Anrichten Risotto mit frisch geriebenem Parmesan und Butterwürfeln binden und mit geschlagenem Obers verfeinern.
- Mit Trüffelscheiben bestreuen und sofort servieren.

EISKALTE Variationen

WALDMEISTER-SAUERRAHMEIS

4 PERSONEN

Zubereitungszeit ca. 1 Stunde, zum Ziehen des Fonds ca. 5 Stunden

Waldmeisterfond (siehe Rezept auf S. 159)	200 ml
Gelatine	1 Blatt
Saft einer Zitrone	
Sauerrahm	300 ml

- Waldmeisterfond laut Rezept zubereiten.
- Gelatine in kaltem Wasser einweichen. Gut ausgedrückt in 1 EL heißem Zitronensaft auflösen und mit den restlichen Zutaten verrühren.
- Abschmecken und in der Eismaschine frieren, bis das Eis eine cremige Konsistenz hat.

SCHWARZES NUSSEIS

4 PERSONEN

Zubereitungszeit ca. 20 Minuten

Zucker	60 g
Milch	250 ml
Obers	125 ml
Dotter	80 g
Nougat	40 g
schwarze Nüsse	50 g
Nusslikör	20 ml
Weinbrand	20 ml

- Den Zucker in einer Pfanne unter ständigem Rühren goldgelb karamellisieren.
- Mit Milch und Obers auffüllen und 5 Minuten bei kleiner Hitze kochen. Vom Herd nehmen.
- Die heiße Milch-Zucker-Masse mit Dotter binden.
- Die Eismasse mit Nougat und den schwarzen Nüssen im Thermomix fein pürieren.
- Mit dem Likör und Weinbrand abrunden und in der Eismaschine frieren.

BRENNNESSELEIS

- Den Weißwein in einem Topf mit Bolero, Zucker, Zitronensaft und den Brennnesselblättern aufkochen.
- Brennnesselfond 1 Stunde ziehen lassen, durch ein feines Sieb gießen und kalt stellen.
- Die jungen Brennnesselblätter mit dem Fond mixen.
- Die Gelatine in kaltem Wasser einweichen. Gut ausgedrückte Gelatine in 2 EL warmem Fond auflösen, mit dem restlichen Brennnesselfond und Obers verrühren und in der Eismaschine frieren.

4 PERSONEN

Zubereitungszeit ca 40 Minuten, zum Ziehen ca. 1 Stunde

Weißwein	150 ml
Bolero	125 ml
Zucker	120 g
Zitronensaft	30 ml
Brennnesselblätter (fein geschnitten)	70 g
junge Brennnesselblätter	12 g
Gelatine	1 Blatt
Obers	200 ml

VANILLEEIS

4 PERSONEN

Zubereitungszeit ca. 30 Minuten

Milch	500 ml
Obers	100 ml
Zucker	125 g
Vanilleschote und -mark	1 Stück
Gelatine	1 Blatt
Dotter	4 Stück
Ei	1 Stück

- Die Milch mit Obers, Zucker und Vanillemark und -schote aufkochen, vom Herd nehmen und 20 Minuten ziehen lassen. Schote entfernen.
- Gelatine in kaltem Wasser einweichen. Heiße Vanillemilch mit dem Eidotter und dem Ei binden. Gut ausgedrückte Gelatine einrühren und im Thermomix kräftig mixen und in der Eismaschine frieren.

HIMBEERSORBET

4 PERSONEN

Zubereitungszeit ca. 15 Minuten

Zucker	130 g
Wasser	250 ml
Gelatine	2 Blatt
Glukose (erhältlich beim Bäcker)	70 g
Himbeermark (ungesüßt)	500 g
Himbeergeist	20 ml
Zitronensaft (nach Bedarf)	

- In einem Topf Zucker und Wasser aufkochen und von der Flamme nehmen.
- Gelatine in kaltem Wasser einweichen. Gut ausdrücken und gemeinsam mit Glukose im Zuckerwasser auflösen und kalt rühren.
- Mit Himbeermark und Himbeergeist vermischen, mit der Zitrone abschmecken und in der Eismaschine frieren, bis das Sorbet die gewünschte Konsistenz hat.

KAROTTEN-APFEL-EIS
mit Limette

4 PERSONEN

Zubereitungszeit ca. 10 Minuten

Karotten (geraffelt und tiefgekühlt)	80 g
Äpfel (geraffelt und tiefgekühlt)	120 g
unbehandelte Limetten (Saft und fein geriebene Schale)	2 Stück
Staubzucker	60 g
Crème fraîche	60 ml

- Tiefgefrorene Karotten mit Äpfeln, Limettensaft und -schale, Staubzucker und Crème fraîche verrühren, im Thermomix zu cremigem Eis rühren und sofort servieren.

BIRNEN-SCHOKOLADE-EIS

4 PERSONEN

Zubereitungszeit ca. 10 Minuten

Birnen (geschält, gewürfelt und tiefgekühlt)	200 g
Crème fraîche	50 ml
Staubzucker	30 g
Bitterschokolade (fein gerieben)	30 g
Birnenbrand	20 ml

- Die tiefgefrorenen Birnen mit Crème fraîche, Staubzucker, geriebener Schokolade und Birnenbrand verrühren.
- Alle Zutaten im Thermomix zu cremigem Eis mixen und sofort servieren.

MANDARINENSORBET
mit Bergpfeffer

4 PERSONEN

Zubereitungszeit ca. 10 Minuten

Mandarinenfilets (tiefgekühlt)	200 g
Mandarinenschale (fein gerieben)	1 EL
Zitrone	
feine Apfelwürfel	50 g
Staubzucker	60 g
Crème fraîche	40 ml
Bergpfeffer (fein gestoßen)	1 TL

- Die tiefgefrorenen Mandarinenfilets mit Mandarinenschale, Zitrone, Apfelwürfeln, Staubzucker, Crème fraîche und Bergpfeffer verrühren.
- Alle Zutaten im Thermomix zu cremigem Eis mixen und sofort servieren.

Sorbets aus dem Mixer

ERDBEER-WALDMEISTER-EIS

4 PERSONEN

Zubereitungszeit ca. 10 Minuten

Erdbeeren (tiefgekühlt)	200 g
Waldmeisterblätter	1 EL
Staubzucker	60 g
Crème fraîche	50 ml
Saft einer Zitrone	

- Die tiefgefrorenen Erdbeeren mit Waldmeisterblättern, Staubzucker, Crème fraîche und Zitronensaft verrühren.
- Alle Zutaten im Thermomix zu cremigem Eis mixen und sofort servieren.

APFEL-SAUERAMPFER-SORBET

4 PERSONEN

Zubereitungszeit ca. 10 Minuten

säuerliche Äpfel (geraffelt und tiefgekühlt)	200 g
Sauerampfer (in Streifen geschnitten)	20 g
Crème fraîche	50 ml
Staubzucker	60 g

- Die tiefgefrorenen Äpfel mit Sauerampfer, Crème fraîche und Staubzucker verrühren.
- Alle Zutaten im Thermomix zu cremigem Eis mixen und sofort servieren.

BASICS

ÖLE

KRÄUTERÖL

Zubereitungszeit ca. 5 Minuten, zum Ziehen ca. 24 Stunden

Kerbel	50 g
Rosmarin	20 g
Blattspinat (blanchiert)	50 g
Petersil (blanchiert)	50 g
Thymian	20 g
Basilikum	30 g
Lorbeer	
Sonnenblumenöl	200 ml
Meersalz, Pfeffer	

o Die Kräuter grob hacken und mit Meersalz und Sonnenblumenöl 5 Minuten im Thermomix mixen.
o Mindestens 24 Stunden ziehen lassen, durch ein Küchentuch ablaufen lassen, in Flaschen füllen und kühl lagern.

PESTOÖL

Zubereitungszeit ca. 3 Minuten

fertiges Pesto	50 g
Olivenöl (je nach Konsistenz des Pestos)	50 g

o Das Pesto mit dem Olivenöl zu einer cremigen Konsistenz verrühren.
*TIPP: **Das Pesto eignet sich besonders gut für Salate, Grillgerichte oder gebratenen Fisch.***

KNOBLAUCHÖL

Zubereitungszeit ca. 5 Minuten

Sonnenblumenöl	200 ml
Knoblauchzehen	10 Stück

o Knoblauchzehen schälen und mit Sonnenblumenöl in ein Glas geben. Gut verschließen und kühl lagern.
*TIPP: **Das Knoblauchöl eignet sich sehr gut zum Braten von Lamm, Schweinefleisch und herzhaften Gemüsegerichten.***

TRÜFFELÖL oder STEINPILZÖL

Zubereitungszeit ca. 3 Minuten

Sonnenblumenöl	200 ml
Trüffelabschnitte oder getrocknete Steinpilze	40 g

o Die Trüffelabschnitte oder die getrockneten Steinpilze mit dem Öl in eine gut verschließbare Flasche füllen und kühl lagern.
*TIPP: **Das Pilzöl eignet sich sehr gut zum Grillen.***

CURRY-SAFRAN-ÖL

Zubereitungszeit ca. 10 Minuten, zum Ziehen ca. 24 Stunden

Zesten von 1 unbehandelten Orange	
Zesten von 1 unbehandelten Zitrone	
Koriandersamen	1 TL
Lorbeerblatt	1 Stück
Zitronengrasstange (klein geschnitten)	1½ Stk.
Ingwer (gerieben)	1 Msp.
gelbes Currypulver	1 TL
grünes Currypulver	½ TL
Kurkuma	½ TL
Sonnenblumenöl	250 ml
Olivenöl	75 ml
Salz, Pfeffer, Cayennepfeffer, Honig, Safran	

o Alle Zutaten mit dem Sonnenblumen- und Olivenöl mischen und in einem Topf einmal aufkochen.
o Topf vom Herd nehmen, abdecken, 24 Stunden ziehen lassen und abseihen.
o Öl abschmecken und kalt stellen.

ERDÄPFELPÜREE

4 Personen

Zubereitungszeit ca. 15 Minuten

Milch	60 ml
Obers	60 ml
Butter	25 g
Salz, Pfeffer, Muskatnuss, Cayennepfeffer	
Erdäpfel (heiß, gekocht, passiert)	400 g

- Die Milch mit Obers, Butter und den Gewürzen in einem Topf einmal aufkochen und durch ein feines Sieb abgießen.
- Die heißen Erdäpfel durch ein feines Sieb streichen, mit der Milch-Obers-Mischung zu einer glatten Masse verarbeiten und servieren.

ERDÄPFEL-PETERSIL-PÜREE

4 Personen

Zubereitungszeit ca. 15 Minuten

Milch	50 ml
Obers	50 ml
Butter	25 g
Salz, Pfeffer, Muskatnuss,	
Petersil (püriert)	60 g
Erdäpfel (heiß, gekocht, passiert, = 600 g roh)	400 g

- Milch mit Obers, Butter und Gewürzen aufkochen und noch heiß über die passierten Erdäpfel gießen.
- Masse glatt rühren, abschmecken und warm stellen.
- Vor dem Anrichten mit Petersilpüree glatt rühren und servieren.

TIPP: ***Um das Püree zu verfeinern, schmeckt man es mit hochwertigem Trüffelöl ab und vollendet es mit frisch gehobelter Trüffel.***

SELLERIEPÜREE

4 Portionen (à 100 g)

Zubereitungszeit ca. 35 Minuten

Sellerieknolle (ohne Schale)	700 g
Salz, Pfeffer, Muskatnuss, Cayennepfeffer	
Obers	80 ml
Butterwürfel (kalt)	60 g

- Den Sellerie in 1 cm große Würfel schneiden, würzen und anschließend mit dem flüssigen Obers dämpfen.
- Nach 20 Minuten Kochzeit die Selleriewürfel durch ein Sieb abtropfen lassen, leicht pressen und den Selleriesaft auf 3 EL Flüssigkeit einkochen.
- Den Selleriesaft, den warmen ausgepressten Sellerie und die kalten Butterwürfel in einem Mixer zu einem feinen glatten Püree verarbeiten, abschmecken und servieren.

TIPP: ***Das Selleriepüree lässt sich sehr gut vorbereiten und über Dampf wieder wärmen.***

WILDGEWÜRZ

Zubereitungszeit ca. 15 Minuten

schwarzer Pfeffer	80 g
Koriander	150 g
Kümmel	40 g
Piment	140 g
Wacholderbeeren	60 g

- Alle Gewürze in einer Pfanne extra rösten.
- In einer Mühle (Moulinette oder Kaffeemühle) fein mahlen.
- Sieben und anschließend in einen gut verschlossenen Behälter füllen.

TOPFENNOCKERLN

4 Personen

Zubereitungszeit ca. 35 Minuten

NOCKERLN	
Topfen	125 g
Ei	100 g
Dotter	30 g
Mehl	50 g
Salz, Pfeffer, Muskatnuss	
SAUCE	
klare Suppe oder Gemüsebrühe	50 ml
Topfen	2 EL
Obers (geschlagen)	2 EL

- Für die Topfennockerln alle Zutaten zu einem glatten Teig verarbeiten. Einen Topf mit Salzwasser aufkochen. Topfenmasse durch ein Nockerlsieb in reichlich Salzwasser streichen und einmal aufkochen.
- Abseihen, im kalten Wasser abschrecken und auf einem Sieb gut abtropfen lassen.
- Vor dem Servieren die Nockerln in einer großen Pfanne mit etwas Gemüsebrühe bei kleiner Hitze erwärmen. Die Topfennockerln dürfen nicht mehr kochen, da der Topfen dann ausflocken würde.
- Nockerln würzen, 2 EL Topfen in die noch warmen Nockerln einrühren und noch einmal abschmecken.
- Das geschlagene Obers unterrühren und sofort servieren.

TIPP: ***Die Topfennockerln mit knusprig gebratenem Speck oder Grammeln und mit Schnittlauch bestreut als Beilage servieren.***

BÄRLAUCHSPÄTZLE

4 Personen

Zubereitungszeit ca. 50 Minuten

Bärlauchpaste (siehe Rezept auf S. 157)	450 g
Eier	5 Stück
Dotter	5 Stück
Grieß	50 g
Olivenöl	1 EL
Salz, Muskatnuss	
Mehl	500 g

- Bärlauchpaste laut Rezept zubereiten und mit Eiern, Dottern, Grieß, Olivenöl und Gewürzen zu einer glatten Masse verarbeiten.
- Mehl in die Masse einarbeiten, abschmecken und 20 Minuten kalt stellen.
- In einem Topf Salzwasser zum Kochen bringen, Masse durch ein Spätzlesieb streichen und ca. 3 Minuten darin ziehen lassen.
- Durch ein Sieb abgießen und die Spätzle in kaltem Wasser kurz abschrecken.
- Als Suppeneinlage die Spätzle in etwas Gemüsefond wärmen.
- Als Beilage zu Fleisch oder Fisch schwenkt man die Spätzle in einer großen heißen Pfanne mit reichlich Butter.

TIPP: *Je nach Konsistenz des Bärlauchspätzleteigs erhöht man die Mehlmenge nach Bedarf.*

SCHAFKÄSE-GERVAIS

4 Personen

Zubereitungszeit ca. 20 Minuten, zum Kühlen ca. 1 Stunde

Schaffrischkäse	150 g
Oliven (gewürfelt)	1 EL
Basilikum (fein geschnitten)	1 EL
Salz, Cayennepfeffer, Olivenöl, Balsamico	
Pinienkerne (geröstet)	1 EL

- Schaffrischkäse mit Oliven und Basilikum glatt rühren. Mit Salz, Cayennepfeffer, Olivenöl und Balsamico abschmecken.
- Den Schafkäsegervais für ca. 1 Stunde kalt stellen.
- Kurz vor dem Servieren mit Pinienkernen bestreuen.

HAUSGEMACHTES GEMÜSEPULVER

Zubereitungszeit ca. 25 Minuten, zum Trocknen ca. 12 Stunden

Gemüseabschnitte (zu gleichen Teilen z. B. Sellerie, Karotten, Lauch, Fenchel, Küchenkräuter)	700 g
Salz	50 g

- Backrohr auf 50 °C vorheizen. Das Gemüse im Mixer oder mit einer Reibe raffeln. Mit dem Salz vermischen und auf ein Küchenpapier streichen.
- Gemüse im vorgeheizten Rohr ca. 12 Stunden trocknen. Im Mixer zu Pulver verarbeiten. Luftdicht lagern.

TIPP: *1 EL Gemüsepulver ergibt eine Tasse kräftige Suppe.*

REHBUTTER-SCHNITZEL

Zutaten für 300 g

Zubereitungszeit ca. 30 Minuten, zum Kühlen ca. 30 Minuten

Toastbrot	40 g
Milch	30 ml
Zwiebeln	30 g
Champignons	20 g
Butter	20 g
Rehfleisch (ohne Sehnen)	200 g
Petersilie (gehackt)	1 TL
Ei	1 Stück
Wildgewürz (siehe Rezept auf S. 150)	
Salz, Pfeffer, Zitronenschale	
Obers	25 ml

- Das Toastbrot in einer Schüssel in der Milch einweichen und fest ausdrücken.
- Die Zwiebeln und die Champignons in einer Pfanne in der Butter farblos anschwitzen, vom Herd nehmen und kalt stellen.
- Alle Zutaten außer dem flüssigen Obers durch den Fleischwolf drehen.
- Das flüssige Obers unter die Butterschnitzelmasse rühren und kräftig abschmecken. Die Masse mindestens 30 Minuten kalt stellen.
- Zu kleinen Laibchen formen und in einer Pfanne beidseitig knusprig braten.

TIPP: *Im Restaurant* Pfefferschiff *wird das Rehbutterschnitzel zur Topinambur-Weißbier-Suppe serviert oder als Hauptgericht mit Erdäpfel- oder Selleriepüree, Rotkraut oder Gemüse der Saison.*

BASICS

POLENTA

4 Personen

Zubereitungszeit ca. 25 Minuten

Speckschwarte	
Butter	20 g
Maispolenta	50 g
Hühner- oder Gemüsefond	300 ml
Salz, Pfeffer, Muskatnuss	
Parmesan (fein gerieben)	2 EL
Obers (geschlagen)	30 ml

o Die Speckschwarte in einer Pfanne in Butter anschwitzen, die Polenta miträsten, ohne dass sie Farbe annimmt, und mit dem Fond aufgießen.
o Polenta mit Salz, Pfeffer und Muskatnuss würzen und 15 Minuten unter ständigem Rühren bei kleiner Hitze ausdämpfen.
o Vor dem Servieren die Polenta mit geriebenem Parmesan und geschlagenem Obers vollenden.

SEMMELKREN

4 Personen

Zubereitungszeit ca. 30 Minuten

Hühnerfond	250 ml
Salz, Pfeffer, Muskatnuss, Cayennepfeffer	
Obers	60 g
Kren (fein gerieben)	50 g
Weißbrotwürfel (vom Vortag)	170 g
Sauerrahm	1 EL
Butterwürfel	30 g

o Den Hühnerfond mit Salz, Pfeffer, Muskatnuss, Cayennepfeffer, Obers und Kren aufkochen.
o Die Weißbrotwürfel zugeben und 15 Minuten bei kleiner Hitze kochen.
o Zum Schluss den Sauerrahm und die Butterwürfel unterrühren und als Beilage servieren.

ROTE PAPRIKA-VINAIGRETTE

4 Personen

Zubereitungszeit ca. 15 Minuten

Paprika (rot, in Würfel geschnitten)	500 g
brauner Zucker	20 g
Weißweinessig	$1^1/_2$ EL
Gemüsefond	3 EL
Thymian, Rosmarin, Lorbeer, Salz, Pfeffer	
Olivenöl	70 ml

o Den Paprika mit braunem Zucker, Essig, Gemüsefond und Gewürzen in einem Topf aufkochen, vom Herd nehmen und im Thermomix fein pürieren.
o Auf eine cremige Konsistenz einkochen und nochmals würzig abschmecken.
o Das Olivenöl mit dem warmen Paprikapüree verrühren und weiter verwenden.

TIPP: ***Als Hingucker kann man feinwürfelig geschnittene gelbe und grüne Paprika als Einlage verwenden.***

FISCHBEIZE

Zutaten für 1 kg Fisch

Zubereitungszeit ca. 5 Minuten, zum Ziehen 12–24 Stunden

Dille	200 g
Petersilie (fein geschnitten)	70 g
Korianderkörner (zerstoßen)	5 g
Pfefferkörner (zerstoßen)	5 g
Wacholderbeeren (zerstoßen)	10 g
Pökelsalz	10 g
Zucker	10 g
Essig	20 ml
Olivenöl	100 ml

o Alle Zutaten in einer Schüssel gut miteinander vermengen.
o Das Fischfilet mit Haut, aber ohne Gräten mit der Beize gleichmäßig bedecken und kalt stellen.
o Fischfilet je nach Durchmesser des Filets 12–24 Stunden in der Beize ziehen lassen.
o Beize mit einem Küchenpapier entfernen und das Filet bis zur weiteren Verwendung kalt stellen.

FLEISCH- oder FISCHFARCE

Zubereitungszeit ca. 15 Minuten, zum Tiefkühlen ca. 30 Minuten

Fleisch bzw. Fisch (entgrätet) (in Stücke geschnitten)	350 g
Obers	300 ml
Salz, Pfeffer	

o Das Fleisch oder den Fisch mit Obers und Gewürzen vermengen und 30 Minuten tiefkühlen.
o Masse in kleinen Mengen in der Moulinette mixen, durch ein feines Sieb streichen, abschmecken.

TIPP: ***Die Farce sollte man immer kalt verarbeiten.***

FORELLEN-WEISSWURST

4 Personen

Zubereitungszeit ca. 30 Minuten, zum Frieren ca. 30 Minuten

Forellenwürfel (ohne Haut und Gräten)	200 g
Obers	200 ml
Salz, Pfeffer, Cayennepfeffer	
Zitronensaft	
Dille (fein geschnitten)	
Noilly Prat (= Vermouth)	
Weißwurstdarm (erhältlich beim Fleischer)	50 cm
Spritzsack	
Lochtülle	
bunte Schnur	

o Die Forellenwürfel in einer Schüssel mit Salz, Pfeffer, Cayenne und Zitronensaft vermengen und mindestens 30 Minuten frieren.

o Die angefrorenen Forellenwürfel im Kutter oder in der Moulinette mit dem flüssigen Obers zu einer feinen Farce verarbeiten und durch ein Sieb streichen.

o Masse nochmals abschmecken und zum Schluss mit Dille und Noilly Prat abrunden.

o Die Farce mit einem Spritzsack und Lochtülle in den Weißwurstdarm füllen und mit einer Schnur 4 gleich große Würste abbinden.

o Im Salzwasser 6–8 Minuten pochieren und sofort servieren.

TIPP: ***Die Farce immer kalt verarbeiten!***

GESCHMORTE PAPRIKA

Zubereitungszeit: je nach Menge

rote und gelbe Paprika	nach Bedarf
Olivenöl, Salz	

o Die Paprika halbieren, entkernen und mit der Schnittfläche nach unten auf ein Blech legen.

o Auf der Hautseite mit Olivenöl bestreichen, salzen und bei 200 °C im Rohr ca. 12 Minuten braten. Paprika aus dem Rohr nehmen, die Haut abziehen und weiterverwenden.

TIPP: ***Geschmorte Paprika lassen sich auch auf Vorrat zubereiten. Dazu legt man sie in Olivenöl ein und stellt sie bis zur Verwendung kalt.***

GEWÜRZBUTTER

Zutaten für 300 g

Zubereitungszeit ca. 30 Minuten

Butter	450 g
Apfel (fein gehackt)	1 Stück
Zwiebel (fein gehackt)	1 Stück
Thymian, Rosmarin, Lorbeer	
Knoblauch, Pfefferkorn, Wacholder	
Ingwer, Salz, Cayennepfeffer	

o Alle Zutaten in einen Topf geben und unter ständigem Rühren bei kleiner Hitze klären, bis die Butter goldgelb ist.

o Butter durch ein feines Sieb gießen, abkühlen und weiterverwenden.

DÖRROBST-CHUTNEY

Zubereitungszeit ca. 30 Minuten, zum Ziehen ca. 24 Stunden

kleine Quitte (oder Apfel, in Würfel geschnitten)	1 Stück
Datteln (geschält, in feine Würfel geschnitten)	4 Stück
naturtrüber Apfelsaft	150 ml
Apfel- oder Quittenmarmelade	1 EL
getrocknete Marillen (in Würfel geschnitten)	100 g
Essig	1 EL
Zitronensaft	1 EL
Kardamom, Pfeffer, Zimt, Cayennepfeffer, Ingwer (fein gerieben)	
Butter	

o Die Quitten- und die Dattelwürfel in einer Pfanne in Butter schwenken, mit Essig und Zitronensaft ablöschen und zur Gänze einkochen.

o Obst mit dem naturtrüben Apfelsaft aufgießen, Marmelade und Gewürze dazugeben und die Flüssigkeit auf die Hälfte einkochen.

o Die Marillenwürfel und die Apfelmarmelade dazugeben, 5 Minuten kochen und nochmals abschmecken.

o Chutney noch heiß in Gläser füllen, verschließen und mindestens 24 Stunden ziehen lassen. Lauwarm zu Wild servieren.

BROT

SAUERTEIG-ROGGENBROT

Zubereitungszeit ca. 1¹/₄ Stunden, für den Sauerteig ca. 24 Stunden, zum Rasten ca. 1 Stunde

SAUERTEIG	
Roggenmehl (Typ 960)	125 g
Vorteig (erhältlich beim Bäcker)	50 g
warmes Wasser	200 ml
BROTTEIG	
Roggenmehl (Typ 960)	350 g
Roggenmehl (Typ 2500)	200 g
warmes Wasser	300 ml
Salz	18 g
Kümmel, Fenchel und Koriander (gemahlen)	

- Für den Sauerteig Roggenmehl, Vorteig und Wasser in einer Schüssel gut verrühren, mit Frischhaltefolie dicht verschließen und ca. 24 Stunden bei Zimmertemperatur rasten lassen.
- Den Sauerteig mit allen Zutaten des Brotteigs in der Maschine 10 Minuten zu einem glatten Teig kneten.
- Laibe formen und in einer Brotwanne (Simperl) ca. 1 Stunde gehen lassen.
- Auf ein Blech stürzen, mehrmals einstechen und mit Wasser besprühen.
- Das Rohr auf 250 °C vorheizen, das Brot hineinschieben, die Hitze auf 210 °C reduzieren und ca. 50 Minuten backen.

TIPP: ***Für eine schöne Kruste eine hitzebeständige Schüssel mit Wasser ins Rohr stellen.***

FLADENBROT mit getrockneten Tomaten, Basilikum und Oliven

Zubereitungszeit ca. $1^3/_4$ Stunden, zum Rasten ca. $1^1/_2$ Stunden

Erdäpfel	400 g
Milch	50 ml
Zucker	10 g
Germ	30 g
Mehl	350 g
Topfen	125 g
Eier	100 g
Salz	15 g
getrocknete Tomaten (in Würfel geschnitten)	2 EL
schwarze Oliven (gehackt)	2 EL
Basilikum (in Streifen geschnitten)	2 EL
Sesam, Mohn, Nüsse, Kümmel, Koriander	
Olivenöl	30 ml

- Die Erdäpfel mit der Schale im Rohr bei 200 °C ca. 1 Stunde garen. Erdäpfel halbieren, aus der Schale kratzen und noch warm passieren.
- Milch, Zucker, Germ, Mehl, Ofenerdäpfel, Topfen, Eier und Salz in der Maschine 3 Minuten kneten.
- Masse 1 Stunde gehen lassen, dann Tomaten, Oliven und Basilikum dazugeben und noch einmal 30 Minuten beiseitestellen.
- Den Teig 2 cm dick ausrollen und auf ein Blech setzen. Mit Olivenöl bestreichen und nach Belieben mit Sesam, Nüssen oder Gewürzen bestreuen.
- Bei 185 °C ca. 30 Minuten im Rohr backen.

THYMIAN-WEISSBROT

Zubereitungszeit ca. $^3/_4$ Stunde, zum Rasten ca. 2 Stunden

Mehl	400 g
kalte Milch	250 ml
Olivenöl	20 g
Zucker	15 g
Thymianspitzen	2 EL
Germ	15 g
Salz	15 g

- Alle Zutaten außer Salz in der Maschine 3 Minuten kneten.
- Das Salz nach und nach hineinstreuen und weitere 3 Minuten kneten.
- Den Teig 1 Stunde rasten lassen.
- Teig zusammenschlagen, die gewünschten Portionen formen, mit Olivenöl bestreichen und 1 Stunde rasten lassen.
- Weißbrot im Rohr mit Dampf bei 200 °C je nach Größe so lange backen, bis die Laibe goldgelb sind.

TIPP I: ***Statt Thymian kann man auch Bärlauch, Petersilie oder Basilikum verwenden.***

TIPP II: ***Für den Dampf eine hitzebeständige Schüssel mit Wasser ins Rohr stellen.***

ZELTEN

Zutaten für 10 Stück

Zubereitungszeit ca. 35 Minuten, zum Rasten 1 Stunde

Mehl	250 g
Milch	300 ml
Joghurt	30 g
Ei	1 Stück
Germ	12 g
Salz	1 TL

- Alle Zutaten außer Salz in der Maschine 3 Minuten kneten.
- Das Salz nach und nach einstreuen und weitere 3 Minuten kneten.
- Die Masse so lange rasten lassen, bis sie sich verdoppelt hat.
- Den Teig zusammenschlagen und in zehn gleiche Teile portionieren. Zu glatten Kugeln schleifen, auf ein Blech setzen, flach drücken und wieder 30 Minuten rasten lassen.
- Im Rohr mit Dampf bei 180 °C ca. 15 Minuten goldgelb backen.

TIPP: ***Für den Dampf eine hitzebeständige Schüssel mit Wasser ins Rohr stellen.***

SAUCEN

Schnelle GRUNDSAUCE

8 Personen

Zubereitungszeit ca. 15 Minuten

Obers	200 ml
Gemüsefond	40 ml
Dotter	2 Stück
tiefgekühlter Spinat (passiert)	20 g
Kerbel	50 g
Salz, Pfeffer	

- Obers, Gemüsefond, Dotter, Spinatpüree und Kerbel im Thermomix 2 Minuten mixen und durch ein feines Sieb passieren.
- Die Sauce bis kurz vor dem Siedepunkt erhitzen (auf ca. 80 °C), mit Salz und Pfeffer abschmecken.
- Mit dem Stabmixer schäumen und servieren.

TIPP: ***Statt Kerbel kann man im Frühling Bärlauch und im Sommer Petersil verwenden.***

Schnelle KERBELSCHAUM-SAUCE

2 Personen

Zubereitungszeit ca. 15 Minuten

Obers	100 ml
Gemüsefond	30 ml
Dotter	1 Stück
Salz, Pfeffer aus der Mühle, etwas Cayennepfeffer	
Kerbel	30 g

- Obers, Gemüsefond, Dotter, Gewürze und Kerbel im Thermomix 2 Minuten mixen und durch ein feines Sieb passieren.
- Die Sauce bis kurz vor dem Siedepunkt erhitzen (auf ca. 80 °C) und mit den Gewürzen abschmecken.
- Mit dem Stabmixer schäumen und sofort servieren.

TIPP: ***Damit die Sauce schön grün bleibt, gibt man 1 TL passierten Spinat in die Sauce.***

SAUERAMPFER-SCHAUM

4 Personen

Zubereitungszeit ca. 5 Minuten

Sauerampfer	1/2 Bund
Joghurt	50 ml
Sauerrahm	75 ml
Crème fraîche	75 ml
Salz, Cayennepfeffer	

- Den Sauerampfer mit Joghurt im Thermomix fein pürieren, passieren und mit den restlichen Zutaten mit einem Stabmixer aufschäumen. Nochmals abschmecken und servieren.

PARADEISERSAUCE Suppe warm oder kalt serviert

4 Personen

Zubereitungszeit ca. 30 Minuten

Paradeiser	500 g
Pelati	500 g
Zwiebel (fein gehackt)	1 Stück
Knoblauchzehe	1 Stück
Olivenöl	50 ml
Thymian, Basilikum, Rosmarin	
Meersalz, Pfeffer, Zucker	

- Paradeiser und Pelati mit Salz, Pfeffer, Zucker, Olivenöl und Basilikum in einer Schüssel 12 Stunden marinieren.
- Zwiebel, Thymian, Rosmarin und Knoblauch in einer Pfanne in Olivenöl anschwitzen und mit marinierten Paradeisern auffüllen.
- Sauce aufkochen, passieren und abschmecken. Auf die gewünschte Konsistenz einkochen.

TIPP: ***Die Sauce kann man auch als warme bzw. kalte Suppe servieren.***

SPECKSAUCE

4 Personen

Zubereitungszeit ca. 35 Minuten

Speck (würfelig geschnitten)	50 g
Schalotten (fein gehackt)	60 g
Knoblauch (fein gehackt)	1 Stück
Champignons (in Scheiben geschnitten)	4 Stück
Tomatenmark	1 EL
Balsamico	40 ml
Hühnerfond	125 ml
Fischfond	125 ml
Obers	$^1/_6$ l
etwas Olivenöl	
Thymian, Salz, Pfeffer	

- Speck, Schalotten, Knoblauch und Champignons in einer Pfanne in Olivenöl glasig dünsten. Tomatenmark und Thymian dazugeben.
- Gemüse mit Balsamico ablöschen und zur Hälfte reduzieren.
- Mit Hühner- und Fischfond aufgießen und um ein Drittel einkochen. Mit Obers aufgießen und Sauce mit Salz und Pfeffer würzen.
- Weitere 10 Minuten bei kleiner Hitze köcheln, dann mixen und durch ein feines Sieb passieren. Sauce noch einmal aufkochen, abschmecken und servieren.

FISCHGRUNDSAUCE

Zutaten für 500 ml

Zubereitungszeit ca. 2 $^3/_4$ Stunden

Zwiebeln (in Würfel geschnitten)	50 g
Champignons (blättrig geschnitten)	50 g
Butter	
Weißwein	500 ml
Vermouth	500 ml
Fischfond (siehe Rezept auf S. 159)	400 ml
Obers	200 ml
Butterwürfel	50 g
Salz, Zitrone, Cayennepfeffer	

- Fischfond laut Rezept zubereiten.
- Zwiebeln und Champignons in einer Pfanne in Butter anschwitzen, mit Wein und Vermouth ablöschen und Flüssigkeit bei kleiner Hitze zur Gänze reduzieren.
- Mit Fischfond und Obers aufgießen, aufkochen und mit Salz, Cayennepfeffer und Zitrone würzen.
- Bei kleiner Hitze auf 500 ml einkochen.
- Die Sauce mit kalter Butter mixen, durch ein Sieb passieren und nochmals abschmecken.

***TIPP:** Wenn man die Sauce auf Vorrat vorbereiten will, füllt man sie noch heiß in sterile Einmachgläser ab.*

BÄRLAUCHPESTO

Zubereitungszeit ca. 5 Minuten

Bärlauch	350 g
Blattspinat (blanchiert)	70 g
Knoblauch (blanchiert)	
Olivenöl	200 ml
Salz	10 g

- Alle Zutaten im Thermomix fein mixen und durch ein Sieb streichen.
- Pesto in ein Glas füllen und mit reichlich kalt gepresstem Olivenöl bedecken und gut verschließen.

BRENNNESSEL-PASTE

Zubereitungszeit ca. 15 Minuten

Brennnesseln (blanchiert)	150 g
Blattspinat (blanchiert)	50 g
Salz	5 g

- Alle Zutaten zweimal durch die feinste Scheibe im Fleischwolf drehen.
- In kleinen Portionen einfrieren und bei Bedarf weiter verwenden.

BÄRLAUCHPASTE

Zubereitungszeit ca. 8 Minuten

Bärlauch (blanchiert)	350 g
Blattspinat (blanchiert)	70 g
Knoblauch (blanchiert)	
Salz	10 g

- Alle Zutaten zweimal durch die feinste Scheibe im Fleischwolf drehen.
- In kleinen Portionen einfrieren und bei Bedarf weiter verwenden.

JUS

WILDJUS

Zubereitungszeit ca. 3 1/2 Stunden

Wildknochen und Fleischabschnitte	2 kg
Hamburger Speck	50 g
Karotten	2 Stück
Sellerie	100 g
Zwiebeln	4 Stück
Paradeismark	2 EL
Rotwein	500 ml
Portwein	125 ml
Lorbeerblatt, Rosmarin, Thymian, Wildgewürz (siehe Rezept auf S. 150)	
Preiselbeeren	2 EL
Maizena	1 EL
Wasser (oder besser Hühner- oder Kalbsfond)	2 l
Butterwürfel	80 g

- Wildgewürz laut Rezept zubereiten.
- Die Knochen mit Fleischabschnitten und Speck in einer Pfanne rundum in heißem Öl anbraten. Karotten, Sellerie, Zwiebeln und Paradeismark dazugeben und bei kleiner Hitze weiter rösten.
- Je viermal mit Rot- und Portwein ablöschen und komplett reduzieren.
- Mit dem Wasser aufgießen, aufkochen und sehr gut abschäumen. Lorbeerblatt, Rosmarin, Thymian, Wildgewürz und Preiselbeeren dazugeben und mindestens zwei Stunden leicht köcheln.
- Durch ein feines Sieb gießen, mit Maizena binden und bei kleiner Hitze 10 Minuten kochen.
- Jus mit Salz, Pfeffer und Wildgewürz abschmecken, die kalten Butterwürfel einrühren und noch heiß in Gläser füllen oder in Portionen tiefkühlen.

KALBSJUS

Zubereitungszeit ca. 2 3/4 Stunden

Kalbfleischknochen (klein gehackt) und Fleischabschnitte	1 1/2 kg
Röstgemüse (würfelig geschnitten)	400 g
Paradeismark	3 EL
Rotwein	200 ml
Portwein	100 ml
Lorbeer, Thymian, Pfefferkörner, Rosmarin	
Wasser	3 l
Maizena	1 EL
Salz, Pfeffer	
kalte Butterwürfel	100 g

- Die Knochen und die Fleischabschnitte in einer Pfanne rundum in heißem Öl anbraten. Gemüse und Paradeismark dazugeben und bei kleiner Hitze weiter rösten.
- Je zweimal mit Rotwein und Portwein ablöschen und reduzieren.
- Mit dem Wasser aufgießen, aufkochen und abschäumen. Gewürze dazugeben und mindestens zwei Stunden leicht köcheln.
- Den Jus durch ein feines Sieb gießen, mit Maizena binden und ca. 10 Minuten bei kleiner Hitze kochen. Jus mit Salz und Pfeffer abschmecken und mit kalten Butterwürfeln binden.
- Den Jus noch heiß in Gläser füllen oder in Portionen tiefkühlen.

LAMMJUS

Zubereitungszeit ca. 3 Stunden

Lammfleischknochen (klein gehackt)	1 1/2 kg
Röstgemüse (ohne Karotten)	400 g
Pelati	100 g
Paradeismark	1 EL
Lorbeer, Thymian, Pfefferkörner, Rosmarin, Knoblauch	
Hühnerfond (oder leichte Gemüsesuppe)	3 l
Maizena	1 TL
kalte Butter	80 g

- Die Lammfleischknochen in einer Pfanne rundum in heißem Öl anbraten. Gemüse, Paradeismark und Pelati dazugeben und bei kleiner Hitze weiter rösten.
- Fünfmal mit Fond ablöschen und reduzieren.
- Mit dem restlichen Fond aufgießen, aufkochen und gut abschäumen. Gewürze einrühren und mindestens 2 Stunden leicht köcheln.
- Jus durch ein feines Sieb gießen, mit der Stärke binden und auf die gewünschte Konsistenz einkochen, passieren und abschmecken.
- Die kalte Butter einrühren und Jus noch heiß in Gläser füllen oder in Portionen in den Tiefkühler.

FOND

BANYULS-REDUKTION

Zutaten für 150 ml

Zubereitungszeit ca. 35 Minuten

Banyuls	250 ml
Portwein	100 g
Zucker	2 EL
Balsamico	2 EL
Stärke	1 TL
Haselnussöl	1 Schuss

- Den Zucker in einer Pfanne unter Rühren goldgelb karamellisieren und mit Balsamico ablöschen. Mit dem Banyuls und Portwein aufgießen, aufkochen und mit der Stärke binden.
- Bei kleiner Hitze auf 150 ml Flüssigkeit einkochen, noch warm mit dem Haselnussöl verrühren und in Gläser füllen.

WALDMEISTER-FOND

Zutaten für 1 l

Zubereitungszeit ca. 30 Minuten, zum Ziehen ca. 5 Stunden

Weißwein	500 ml
Bolero	500 ml
Zucker	300 g
Waldmeister (fein gehackt)	300 g

- In einem Topf Wein, Bolero und Zucker einmal aufkochen, vom Herd nehmen und auf 20 °C abkühlen.
- Die Waldmeisterblätter dazu geben und zugedeckt 5 Stunden ziehen lassen.
- Waldmeisteransatz durch ein Sieb abseihen und Fond weiter verwenden.

HÜHNERFOND

Zutaten für 1¹/₂ l

Zubereitungszeit ca. 2 Stunden, zum Wässern ca. 2 Stunden

Hendlkarkassen	1¹/₂ kg
Zwiebeln (in Würfel geschnitten)	300 g
Champignons (blättrig geschnitten)	150 g
Lauch	1 Stück
Pfefferkörner	10 Stück
Lorbeerblätter	4 Stück
Wacholderbeeren	4 Stück
Meersalz, Knoblauch, Thymian, Rosmarin	
Wasser	

- Die Karkassen in einer Schüssel in kaltem Wasser mindestens zwei Stunden wässern und abseihen.
- Karkassen zu drei Viertel mit kaltem Wasser aufgießen. Damit der Fond klar bleibt, bei kleiner Hitze aufkochen lassen und sorgfältig abschäumen.
- Die Gewürze gemeinsam mit Zwiebeln, Champignons und Lauch dazugeben und ca. 1¹/₂ Stunden schwach kochen.
- In der Zwischenzeit mehrfach abschäumen. Fond durch ein Tuch passieren, abschmecken und weiterverwenden.

TIPP: ***Die Karkassen werden deshalb nur zu drei Viertel mit Wasser aufgefüllt, damit der Fond nicht zu dünn wird.***

FISCHFOND

Zutaten für 1¹/₂ l

Zubereitungszeit ca. 1 Stunde

Fischgräten	500 g
Lauch, Zwiebeln, Champignons, Fenchel, Sellerie	300 g
Pfefferkörner, Lorbeer, Thymian	
Petersilstängel	
Salz, Zitrone	
Vermouth	150 ml
Weißwein	150 ml
Wasser	1¹/₂ l

- Die Fischgräten sehr gut wässern.
- Gemüse in einer Pfanne mit Olivenöl anschwitzen, Gräten dazugeben. Mit Wein und Vermouth ablöschen, vom Herd nehmen und kalt stellen.
- Mit kaltem Wasser aufgießen, bei kleiner Hitze langsam aufkochen, abschäumen und im letzten Moment die Gewürze dazugeben.
- Fond ca. 30 Minuten köcheln, durch ein feines Sieb oder Küchentuch abgießen und je nach Geschmack einkochen.

TIPP: ***Ungeeignet sind Fischgräten von Karpfen oder Schleien.***

GEMÜSEFOND

(siehe Rezept Gemüsepulver auf S. 151)

PETERSIL-GINGER-ALE-GRANITÉ

4 Personen

Zubereitungszeit ca. 35 Minuten, zum Ziehen ca. 2 Stunden, zum Frieren ca. 12 Stunden

Weißwein	150 ml
Ginger Ale	125 ml
Zucker	70 g
Petersilstängel	50 g
Zitronensaft	30 ml
Petersilblätter	50 g
Blattspinat (blanchiert)	20 g

o Den Weißwein mit Ginger Ale, Zucker, Petersilstängel und dem Zitronensaft in einem Topf aufkochen, vom Herd nehmen und 2 Stunden ziehen lassen. Anschließend abseihen und kalt stellen.

o Die kalte Flüssigkeit mit den Petersilblättern und dem blanchierten Blattspinat kräftig mixen.

o Durch ein Sieb passieren, auf ein flaches Blech gießen und für mindestens 12 Stunden frieren.

o Mit einem Löffel das Granité fein schaben und sofort servieren.

TIPP: Statt Petersil passt auch Pfefferminze oder Basilikum.

PREISELBEEREN gerührt

Zubereitungszeit ca. 20 Minuten

Preiselbeeren	2 kg
Kristallzucker	1 kg

o Die Preiselbeeren mit dem Zucker ca. 20 Minuten im Kessel einer Rührmaschine mit dem Knethaken auf kleinster Stufe rühren. In Gläser füllen und kalt stellen.

VANILLESCHAUM

Zutaten für 400 ml

Zubereitungszeit ca. 30 Minuten

Zucker	30 g
Obers	200 ml
Vanilleschote	1/2 Stück
Dotter	80 g
weiße Couverture	20 g
Rum	20 ml
Obers (geschlagen)	200 ml

o Vanillemark aus der Schote schaben. Den Zucker gemeinsam mit Obers und Vanillemark und -schote sowie einer Prise Salz in einem Topf aufkochen.

o Währenddessen die Dotter über einem Wasserbad aufschlagen.

o Das kochende Obers über die aufgeschlagene Eimasse gießen und auf 50 °C abkühlen. Vanilleschote entfernen.

o Die weiße Couverture in der Masse auflösen, auf Eis kalt schlagen und den Rum einrühren.

o Kurz vor dem Anrichten 1:1 mit dem geschlagenen Obers vermischen und servieren.

Aufgeschlagenes VANILLEPARFAIT

10 Personen

Zubereitungszeit ca. 20 Minuten, zum Kühlen ca. 24 Stunden, zum Frieren ca. 6 Stunden

Vanilleschote	1 Stück
Milch	350 ml
Zucker	100 g
Dotter	60 g
kalte Butter	200 g

o Die Vanilleschote mit einem scharfen Messer aufschneiden und das Mark auskratzen. Die Milch mit Vanillemark, Vanilleschote, Zucker und Dotter in einem Topf auf 80 °C erhitzen. Die Schote entfernen und die Masse sofort in den Thermomix füllen.

o Die Dotter-Milch-Masse mit der kalten Butter ca. 5 Minuten mixen und 24 Stunden bei 4 °C im Kühl-schrank kalt stellen.

o Nach 24 Stunden lässt sich die Masse wie Schlagobers aufschlagen. In Formen füllen und mindestens 6 Stunden im Tiefkühler frieren.

GERMTEIG für KLETZENNUDELN

8 Personen

Zubereitungszeit ca. 20 Minuten, zum Rasten ca. 50 Minuten

Germ	20 g
Zucker	60 g
Milch	250 ml
Mehl	100 g
Ei	1 Stück
Dotter	1 Stück
Mehl	400 g
Salz, Vanille	
Zitronen- und Orangenschale (fein gehackt)	
Butter (warm, flüssig)	25 g

o Zucker und Germ in einer Schüssel in der handwarmen Milch auflösen. Das Mehl einarbeiten und den Teig ca. 20 Minuten rasten lassen.

o Das Dampfl mit dem restlichen Mehl, Ei, Dotter und Aromaten in der Maschine 10 Minuten kneten.

o Die warme flüssige Butter in den Teig kneten, anschließend 30 Minuten rasten lassen und weiter verwenden.

STREUSEL für Kuchen

Zubereitungszeit ca. 5 Minuten, zum Kühlen ca. 1 Stunde

Mehl	150 g
Kristallzucker	120 g
Butter (in Würfel geschnitten)	120 g
Salz, Zimt, Vanillezucker	

o Alle Zutaten rasch krümelig zerreiben, mindestens 1 Stunde kalt stellen und weiter verwenden.

RIESLINGGELEE

Riesling	1 l
Gelierzucker (2:1)	500 g
Agar Agar	6 g
Vanillestange (Mark)	1/2 Stück
Zimtstange	1 Stück
Sternanis	2 Stück
Kardamomkapsel	1 Stück
unbehandelte Zitrone (in Scheiben geschnitten)	1 Stück
unbehandelte Orange (in Scheiben geschnitten)	1 Stück

o Alle Zutaten in einer Schüssel 24 Stunden marinieren, aufkochen und bei kleiner Hitze 5 Minuten kochen.

o Das Gelee durch ein Sieb abgießen, die Gelierprobe machen und noch heiß in Gläser füllen.

TIPP: Klaus Fleischhaker serviert das Rieslinggelee gerne zu Käse.

WEICHSEL-MARMELADE mit Koriander

Zubereitungszeit ca. 25 Minuten, zum Marinieren ca. 24 Stunden

Weichseln (ohne Steine)	1 kg
Gelierzucker	500 g
Korianderkörner (geschrotet)	2 EL
Zimtstange	1 Stück
Cassis	60 ml
Agar Agar	4 g

o Alle Zutaten in einer Schüssel miteinander vermengen und 24 Stunden marinieren.

o Unter ständigem Rühren in einem Topf aufkochen und weitere 5 Minuten bei kleiner Hitze kochen.

o Mit dem Stabmixer pürieren, 1 TL Marmelade auf einen kalten Teller geben. Geliert die Masse, ist die Marmelade fertig und kann noch heiß in sterile Gläser gefüllt werden. Geliert sie nicht, muss die Marmelade noch wenige Minuten weiter köcheln.

ZWETSCHKEN-PREISELBEER-MARMELADE

Zubereitungszeit ca. 35 Minuten, zum Marinieren ca. 24 Stunden

Zwetschken	750 g
Preiselbeeren	250 g
Zimt (gemahlen)	1 Msp.
Gewürznelken	1 Msp.
Gelierzucker	500 g

o Die Zwetschken waschen, halbieren, entsteinen und in kleine Stücke schneiden.

o Gemeinsam mit Preiselbeeren in einen Topf geben. Zimt, Nelken und Gelierzucker unter die Früchte rühren und 24 Stunden marinieren.

o Zwetschken-Preiselbeer-Mischung unter ständigem Rühren aufkochen und 5 Minuten bei kleiner Hitze kochen.

o 1 TL Marmelade auf einen kalten Teller geben. Geliert die Masse, ist die Marmelade fertig und kann noch heiß in sterile Gläser gefüllt werden. Geliert sie nicht, muss die Marmelade noch wenige Minuten weiter köcheln.

MANDARINEN-MARMELADE

Zubereitungszeit ca. 1 1/4 Stunden, zum Marinieren ca. 24 Stunden

Mandarinen	1 kg
Gelierzucker	500 g
rote Mandarinenschale (in Streifen geschnitten, ohne weiße Haut)	100 g
Agar Agar	3 g
Zimtstange, Vanillemark	
Kardamomkapseln	2 Stück

o Die Mandarinen in einem Topf in kochendem Wasser 3 Minuten überbrühen und in Eiswasser abschrecken. Mandarinen schälen und von der weißen Haut befreien.

o Die Früchte in gleich große Stücke schneiden. Das Fruchtfleisch mit Mandarinenschalen, Gelierzucker, Agar Agar, Zimtstange, Vanillemark und Kardamomkapseln kräftig verrühren und 24 Stunden marinieren.

o Mandarinen in einem Topf unter ständigem Rühren aufkochen, 5 Minuten bei kleiner Hitze kochen.

o Mit dem Stabmixer zerkleinern,

MARMELADEN

1 TL Marmelade auf einen kalten Teller geben. Geliert die Masse, ist die Marmelade fertig und kann noch heiß in sterile Gläser gefüllt werden. Geliert sie nicht, muss die Marmelade noch wenige Minuten weiter köcheln.

QUITTEN-MARMELADE

Zubereitungszeit ca. 50 Minuten, zum Marinieren ca. 24 Stunden

Quitten (gewaschen, ohne Kerne)	1 kg
Apfelsaft (naturtrüb)	400 ml
Orangensaft	120 ml
Zimtstange	1/2 Stück
Saft von 1 Zitrone	
Gelierzucker	500 g
Ingwer (klein gehackt)	1 TL
Zitronengrasstange	1 Stück

- Die Quitten in Spalten schneiden. Mit Apfelsaft, Orangensaft, Zitronensaft, Gelierzucker, Ingwer, Zimtstange und Zitronengrasstange in einer Schüssel vermengen und 24 Stunden marinieren.
- Quitten bei kleiner Hitze 40 Minuten kochen, Zimt und Zitronengras entfernen.
- Quitten mixen und passieren. 1 TL Marmelade auf einen kalten Teller geben. Geliert die Masse, ist die Marmelade fertig und kann noch heiß in sterile Gläser gefüllt werden. Geliert sie nicht, muss die Marmelade noch wenige Minuten weiter köcheln.

ERDBEER-MARMELADE mit Holunderblüten

Zubereitungszeit ca. 40 Minuten, zum Marinieren ca. 48 Stunden

Erdbeeren	1 kg
Gelierzucker	500 g
Holunderblüten (getrocknet, ohne Stiele)	1 EL
Agar-Agar	3 g
Saft von 1 Zitrone	

- Die Erdbeeren mit dem Gelierzucker und den Holunderblüten in einer Schüssel 48 Stunden marinieren.
- Den Erdbeersaft in einem Sieb ablaufen lassen und mit Zitronensaft und Agar Agar 15 Minuten bei kleiner Hitze kochen.
- Die Erdbeeren dazugeben und weitere 5 Minuten köcheln.
- Mit dem Stabmixer zerkleinern, 1 TL Marmelade auf einen kalten Teller geben. Geliert die Masse, ist die Marmelade fertig und kann noch heiß in sterile Gläser gefüllt werden. Geliert sie nicht, muss die Marmelade noch wenige Minuten weiter köcheln.

TIPP: ***Statt Holunderblüten kann man auch Lavendel oder Thymian verwenden.***

BROMBEER-MARMELADE mit Schokolade

Zubereitungszeit ca. 15 Minuten, zum Marinieren ca. 24 Stunden

Brombeeren	1 kg
Gelierzucker	300 g
Saft von 1 Zitrone	
Geleefix (à 25 g)	1 Pkg.
Bittercouverture (fein gehackt)	100 g
Amaretto	30 ml

- Die Brombeeren mit dem Zucker, Zitronensaft und dem Geleefix in einer Schüssel mindestens 24 Stunden marinieren.
- Die Brombeeren in einem Topf aufkochen und bei kleiner Hitze 5 Minuten kochen.
- Mit dem Stabmixer grob pürieren, die Schokolade in der heißen Marmelade schmelzen und mit Amaretto abschmecken.
- 1 TL Marmelade auf einen kalten Teller geben. Geliert die Masse, ist die Marmelade fertig und kann noch heiß in sterile Gläser gefüllt werden.

HIMBEER-ERDBEER-MARK

Zubereitungszeit ca. 15 Minuten, zum Marinieren ca. 6 Stunden

Frucht (Verhältnis nach Belieben)	500 g
Staubzucker	100 g

- Die Beeren mit dem Staubzucker in einer großen Schüssel ca. 6 Stunden marinieren.
- Anschließend bei kleiner Hitze verkochen, passieren und abschmecken.
- Mark noch heiß in Gläser füllen.

KOMPOTTE

Karamellisiertes BIRNENKOMPOTT

Zubereitungszeit ca. 1 Stunde, zum Ziehen ca. 24 Stunden

Birnen	4 Stück
Zucker	100 g
Weißwein	100 ml
Orangensaft	80 ml
Birnensaft	80 ml
unbehandelte Zitrone (in Scheiben geschnitten)	1 Stück
Vanillestange	1/2 Stück
Zimtstange	1/2 Stück
Nelken	2 Stück
Orangen- und Zitronenzesten	2 EL
Lorbeerblatt	1 Stück
Birnenbrand	2 EL

- Birnen schälen, entkernen und halbieren. Schalen zur Seite legen. Den Zucker mit dem Weißwein in einem Topf einkochen und goldgelb karamellisieren.
- Karamell mit dem Birnensaft und Orangensaft ablöschen. Birnenschalen und alle restlichen Zutaten, außer dem Birnenbrand und den Birnenhälften, dazugeben und die Flüssigkeit bei kleiner Hitze auf die Hälfte reduzieren.
- Den Karamellfond in einem Sieb ablaufen lassen und die Birnenhälften darin bissfest garen.
- Die Birnen noch warm in Gläser füllen, mit dem Birnenbrand und dem kochend heißen Karamellfond übergießen.
- Die Gläser sofort schließen und mindestens 24 Stunden ziehen lassen.

TIPP: *Statt Birnen kann man auch Äpfel verwenden.*

KIRSCH-Kompott

Zubereitungszeit ca. 1 1/2 Stunden

Kirschen	450 g
Rotwein	400 ml
Portwein	200 ml
Cassislikör	200 ml
Vanilleschote	1 Stück
Zimtstangen	1 1/2 Stk.
Vanillepuddingpulver	15 g
Saft von 1 1/2 Orangen	
Saft von 1 1/2 Zitronen	
Honig	15 g
Kirschwasser	30 ml
Amaretto	15 ml

- Die Kirschen entsteinen und in ein Einweckglas legen.
- Die Steine mit dem aufgefangenen Kirschsaft, Rotwein und Portwein aufkochen, vom Herd nehmen und 20 Minuten ziehen lassen. Kerne abseihen.
- Den Cassislikör mit Vanilleschote und Zimtstange in einem Topf mit dem Kirschsaft aufkochen.
- Das Puddingpulver im Orangen- und Zitronensaft auflösen, den Kirschsaft damit binden und mit Honig, Amaretto und Kirschwasser bei kleiner Hitze auf 500 ml Flüssigkeit einkochen.
- Den Kirschsaft kochend heiß über die Kirschen gießen und das Glas sofort verschließen.
- Die Kirschen mindestens 24 Stunden ziehen lassen.

RHABARBER-Kompott

Zubereitungszeit ca. 50 Minuten, zum Ziehen ca. 3 Stunden

Rhabarber	350 g
Himbeeren (tiefgekühlt)	100 g
Zucker	90 g
Wasser	100 ml
Vanilleschote	1/2 Stück
Zimtstange	1/2 Stück
Ingwer (feine Streifen)	1 TL

- Den Rhabarber in 1 cm breite, schräge Stücke schneiden, auf ein Blech legen und die gefrorenen Himbeeren auf dem Rhabarber verteilen.
- Den Zucker mit Wasser und den Gewürzen in einem Topf auf die Hälfte einkochen.
- Flüssigkeit gleichmäßig über den Rhabarber gießen, mit Alufolie abdecken und bei 160 °C im Rohr ca. 15–25 Minuten garen.
- In Gläser füllen und den Rhabarber mindestens 3 Stunden im eigenen Sud ziehen lassen.

APFELRAGOUT mit Trauben und Nüssen

4–6 Personen

Zubereitungszeit ca. 40 Minuten

Äpfel (in Würfel geschnitten)	400 g
Apfelsaft	250 ml
Saft von 1 Zitrone	
Nüsse (geröstet und grob gehackt)	25 g
gehobelte Mandeln (geröstet)	30 g
Rosinen	25 g
Zimt	1 TL
Zucker	30 g
kernlose Trauben	100 g
Obers (geschlagen)	1 EL

- Von den Apfelwürfeln 250 g zur Seite stellen.
- Den Zucker in einer Pfanne unter ständigem Rühren goldgelb karamellisieren, die restlichen Apfelwürfel, Zimt, Zitronensaft und Apfelsaft dazugeben und bei kleiner Hitze 15 Minuten kochen. Fein mixen.
- Die Apfelsauce aufkochen, mit den zur Seite gestellten Apfelwürfeln und Rosinen 2 Minuten kochen, abschmecken und noch heiß in Gläser füllen.
- Kurz vor dem Servieren Trauben, geröstete Mandeln und Nüsse in das Ragout rühren. Im letzten Moment mit geschlagenem Obers verfeinern.

TIPP: ***Am besten schmeckt das Ragout, wenn man es lauwarm serviert.***

JAMEK
RIED KLAUS
TIGNANELLO

WEIN

Der gut sortierte Weinkeller im *Pfefferschiff* umfasst 650 Positionen. Begleitet werden die *Pfefferschiff*-Kreationen von edlen Tropfen aus Österreich, Italien, Frankreich, Spanien, Argentinien und Portugal.

Wenn Zimmertüren zu Flaschenetiketten österreichischer Winzer mutieren und der Rezeptionist nicht nur die Stadt und ihre Geheimadressen kennt, sondern auch jede Flasche im Weinkeller, dann hat man in das Wiener Hotel *Rathaus Wein & Design* der Familie Fleischhaker eingecheckt.

DIE WEINGESCHICHTE Genuss spielt nicht nur im *Pfefferschiff* die Hauptrolle, sondern auch im 2004 eröffneten Hotel *Rathaus Wein & Design* in der Wiener Lange Gasse, das Klaus und Petra Fleischhaker als Pension übernommen und zu einem exklusiven 4-Stern-Hotel mit vinophilem Schwerpunkt umgebaut haben: „Eine Tante meines Mannes hat uns das Haus aus dem Jahr 1890 überschrieben. Bei der ersten Besichtigung waren wir schockiert: Es hat geregnet, die Stadt war trist, die Pension in einer unscheinbaren Seitengasse in der Josefstadt und die Zimmer in einem katastrophalen Zustand, mit WC und Dusche am Gang", erinnert sich Petra Fleischhaker. „Wir wollten es im ersten Moment verkaufen, aber dann konnten wir's doch nicht lassen." Innerhalb einer Rekordzeit von 5½ Monaten wurde das historische Bürgerhaus komplett ausgehöhlt, Böden, Strom- und Wasserleitungen erneuert und alle Wände, die nicht tragend waren, umgerissen. „In den letzten Tagen sind sicher an die 150 Handwerker durchs Haus gelaufen." Das Ergebnis: 40 geräumige Design-Doppelzimmer mit offenen, verglasten Bädern, Regendusche, Air-Condition und indirekten Lichtspots. Sechs Zimmer im 1. Stock heben sich von

den anderen vor allem durch ihre ausgefallene Wandgestaltung ab. Fetzige Pinselstriche zieren die champagnerfarbenen Wände, von denen keiner dem anderen gleicht und für die sich ein Künstler eine Woche pro Zimmer austoben durfte. Das unbestrittene Highlight des Hotels ist das Dachatelier, das mit 80 Quadratmetern, imposanten Atelierfenstern in den Dachschrägen und einer Sonnenterrasse genauso zu den begehrtesten Zimmern zählt wie das von Insidern liebevoll so benannte Schneckenzimmer, das nicht nur wegen des runden, schneckenförmigen Eingangsbereichs aus dem Rahmen fällt, sondern auch aufgrund einer Bettbadewanne – an das Kopfende des Bettes wurde eine Badewanne integriert – fast das ganze Jahr über ausgebucht ist.
Auf die Idee, ein Weinhotel zu eröffnen, kam Hausherrin Petra Fleischhaker: „Wir waren neu am Wiener Hotelmarkt und da reicht es nicht, das 150. 4-Stern-Haus aufzusperren. Aufgrund meiner Affinität zum Wein bin ich auf Winzer-Patenschaften gekommen, habe Weinbauern angeschrieben und sie gefragt, ob sie Interesse an dem Projekt hätten. Die Resonanz war enorm: Alle Patenschaften waren nach 14 Tagen vergeben. Jedes Zimmer wird einem österreichischen Spitzenwinzer – von Paul Achs und Bernhard Ott über F. X. Pichler und Heidi Schröck bis Manfred Tement und Günter Triebaumer – gewidmet. Schon die Eingangstür ist als Etikett gestaltet und die Minibar ausschließlich mit erlesenen Tropfen des jeweiligen Winzers befüllt." Monatlich können alle Weine eines Paten glasweise von Hotelgästen, aber auch vom Wiener Publikum verkostet werden. Auch Experten wie Willi Klinger, Chef der Österreich-Wein-Marketing, zollt der Idee Respekt: „Die Fleischhakers sind die einzigen, die gleich ein ganzes Hotel dem österreichischen Wein gewidmet haben. Genau solche gastronomische Botschafter und Identitätsstifter braucht unser Land!"
Insgesamt stehen 25 offene Weine zur Wahl, der Keller ist mit 450 Positionen, ausschließlich aus Österreich, bestückt. Aber auch ein Ausreißer hat sich in die österreichische Winzer-Elite geschlichen: Schnapsbrenner Hans Reisetbauer wollte es sich nicht nehmen lassen, ebenfalls mit einer Patenschaft vertreten zu sein, weshalb sich eines der Zimmer hochprozentiger als die anderen präsentiert. „Für uns nur von Vorteil, weil wir dadurch ein großes Sortiment an tollen Spirituosen haben."
Die Patenschaften gelten auf Lebenszeit. Sollte jemand ausscheiden wollen, wird nachgetauft. „Aber das ist bis jetzt noch nicht vorgekommen."
Private Atmosphäre ist den Fleischhakers nicht nur in ihrem Gourmetrestaurant und ihrem Villenhotel in Salzburg wichtig, sondern wird auch in der Wiener Dependance gepflegt: „Wenn ein Gast um 3 Uhr in der Früh ein Glas Wein eines anderen Winzers trinken oder seine Minibar auffüllen will, ist das kein Problem. Denn derjenige, der dem Hotelgast den Zimmerschlüssel übergibt und ihm sagt, wo er die Hofburg findet, schenkt ihm in der Lounge auch den Wein ein und serviert ihm den Käseteller."

WEIN

Die Frage nach dem richtigen Wein ist für Gourmets eine der schwierigsten und zugleich auch die genussvollste. Eine exakte Anleitung für die richtige Begleitung gibt es nicht, einige Basics sollte man aber beachten:

1) Dramaturgie des Weines: Steigern Sie die Weine in Aroma und Fülle von der Vorspeise bis zum Abschluss.

2) Säure und Säure multipliziert sich: Achtung bei Salat!

3) Wein und Speise sollten sich ergänzen: Der Wein sollte das Gericht nicht „erschlagen".

4) Achten Sie auf die Sauce – sie bestimmt meist den passenden Wein. Ein eleganter Blauburgunder kann beispielsweise eine perfekte Ergänzung zum gebratenen Zander mit Rotweinschalotten sein.

5) Gebackene Speisen wirken durch einen säurebetonten Wein frischer und leichter.

6) Manche Aromen im Essen werden durch Wein verstärkt: Alkohol lässt Süße konzentrierter wirken, ebenso werden Gewürze im Essen durch einen kräftigen Wein gesteigert.

7) Achten Sie darauf, wie der Wein ausgebaut ist (Stahltank, großes oder kleines Holzfass), welchen Alkoholgehalt er hat und welches Alter. Sauvignon Blanc etwa ist in der frischen, „jugendlichen" Version ein schöner Begleiter zu frischem Spargel mit Kräutern. Ein kräftiger, im kleinen Holzfass ausgebauter Wein dieser Rebsorte hingegen ist der ideale Gegenpart zu gebratenem Kalb oder Krustentieren.

8) Aromen im Essen finden sich meist auch im Wein wieder: Röstaromen, die durch Anbraten entstehen, harmonieren gut mit den Röstaromen eines kräftigen Rotweins. Die Aromen von grünem Paprika in einem knackigen Sauvignon Blanc sind eine schöne Ergänzung zu geschmorten Paprika und Tomaten.

9) Sollten Sie mit den zubereiteten Speisen „internationaler" werden, achten Sie darauf, welcher Wein in dieser Region getrunken wird: Zum typischen Ziegenfrischkäse der Loire passt etwa ein regionaler Sancerre, zum Camembert di Normandie ein frischer Cidre.

10) Sehr süße Desserts werden durch kohlensäurehaltige Weine „aufgefrischt".

11) Die Kombination Käse & Wein ist eine der schwierigsten, da man hier aus dem gesamten Weinrepertoire schöpfen kann. Zumeist ist die Kombination mit Rotwein nicht die allerbeste. Ein kräftiger Weißwein zu einem reifen Rotschmierkäse oder ein würziger Süßwein zum Blauschimmel ist die stimmigere Wahl.

12) Alles ist erlaubt: Ihr Gaumen allein entscheidet, was schmeckt.

Grüner Veltliner

Frisch, knackig, pfeffrig. Harmoniert mit gebackenen Gerichten, da die Säure das Gericht „leichter" wirken lässt. Ein kräftiger, gerne auch schon gereifter Veltliner lässt sich wunderbar zu gebratenen, aromatischen Fischen kombinieren. Die Pfeffrigkeit unterstreicht sehr schön die Würze von frischen Kräutern.

Welschriesling

Fruchtnoten von grünem, knackigem Apfel und Stachelbeeren. Stimmig mit (Kräuter-)Salaten und leichten Fischvorspeisen – wenngleich hierbei auf die Säure der Salatmarinade geachtet werden muss (eventuell Salate mit einem leicht rahmigen Dressing marinieren). Passt als Prädikatswein zu Desserts.

Weißer Burgunder

Eleganter Wein, der mit seinen Apfelaromen ein universeller Begleiter zu Fisch und hellen Fleischgerichten ist. Im kleinen Holzfass ausgebaut, kann er eine perfekte Ergänzung zu gebratenen Pilzen (Steinpilze mit Kräutern in Olivenöl) und Krustentieren sein. Kräftige Vertreter z. B. zu Kalbsrücken servieren.

Chardonnay

In der frischen, zitrusfruchtigen Version passt er zu gegrilltem Fisch, Meeresfrüchten und leichten Fleischvorspeisen. Kräftigere Vertreter harmonieren mit exotischen Noten, z. B. zu Leberterrinen und Pasteten mit Brioche. Ausgebaut im kleinen Holzfass passt er auch zu kräftigen Bratenstücken und zu cremig-reifem Käse.

Riesling

In der frischen Version mit Pfirsich- und Marillennoten ideal zu Fleisch- und Fischvorspeisen. Gehaltvolle Rieslinge zu Kalb, Wildgeflügel oder gebratenem Fisch servieren. Reife, petrolige Rieslinge harmonieren mit würzigen Gerichten wie z. B. Blunzengugelhupf oder Innereien. Im Prädikatsweinbereich perfekt zu aromatisch-fruchtigen Desserts.

Sauvignon Blanc

In der „grasig-kräutrigen" Variante kombinierbar mit Gerichten aus Paprika, reifen Paradeisern, frischen Kräutern (Brennnessel) und heimischem Spargel. Passt auch in Verbindung mit Speisen, die auf einem „Säure-Süße-Spiel" aufbauen. Im kleinen Holzfass ausgebaut, passt er gut zu Hummer, Garnele & Co.

Neuburger

Durch seine feine Säure lässt sich Neuburger (aber auch Rotgipfler oder Zierfandler) gut mit auf Obers basierenden Saucen kombinieren. Servieren Sie ihn zu einem guten Stück Bergkäse – die Nussaromen sind eine schöne Balance zum Käse. In der süßen Prädikatsweinversion z. B. perfekt zu karamellisierten Nüssen mit Weichkäse.

Blauer Zweigelt

Durch seine Wandlungsfähigkeit von frisch und trinkfreudig bis komplex und lagerbar ist der Zweigelt ein vielseitiger Begleiter. Die intensiv fruchtigen Aromen von Kirschen und roten Beeren harmonieren mit geschmortem Braten, in der kräftigen Version auch mit Lammhax'n und Reh.

Blaufränkisch

Kirschen und dunkle Beeren, aber auch Schokolade und erdige Noten. Harmonischer Begleiter von gebratenem Rind, Lamm und Wild. Komplexe, dichte Vertreter der Rebsorte nehmen es auch mit den intensivsten Saucen und Aromen auf.

Blauer Burgunder

Elegant und samtig. Lässt sich gut mit Wildfleisch kombinieren. Reifer Blauburgunder entwickelt Aromen von Pilzen und Unterholz und passt zu reifem Rotschmierkäse. Auch eine Kombination mit kräftigem Fisch ist einen Versuch wert, wobei die Sauce zum Fisch ausschlaggebend ist! Ein knusprig gebratener Zander mit Rotweinsauce freut sich über einen eleganten Pinot.

Cabernet Sauvignon

Kräftige Tannine und Aromen von Dörrobst, Tabak und Schokolade. Passt zu den Röstaromen von gebratenem roten Fleisch (z. B. Lamm) und hält auch kräftig gewürzten Saucen stand. Durch seine dunklen Aromen von Holunderbeere und Cassis auch perfekt zu Wildfleisch (z. B. Hirsch).

Merlot

Durch seine weichen Tannine und Aromen von Zwetschken und schwarzen Ribiseln passt ein reifer Merlot ausgezeichnet zu gebratenem Wild, aber auch zu Ente und Rindfleisch. Die Aromaten beim Ansatz von Wildsaucen (Wacholder, Zimt, etc.) finden sich oftmals im Wein wieder und ergeben eine harmonische Verbindung.

WINZER

WEINGUT PAUL ACHS
Neubaugasse 13
7122 Gols
Tel.: +43/(0)2173/23 67-0
office@paul-achs.at
www.paul-achs.at

WEINGUT BRÜNDLMAYER
Zwettler Straße 23
3550 Langenlois
Tel.: +43/(0)2734/217 20
weingut@bruendlmayer.at
www.bruendlmayer.at

WEINGUT DZ-DANNER
Heimbach 3
D-77770 Durbach
Tel.: +49/(0)781/948 31 23
info@dz-weingut.de
www.dz-weingut.de

WEINGUT FEILER-ARTINGER
Hauptstraße 3
7071 Rust
Tel.: +43/(0)2685/237
office@feiler-artinger.at
www.feiler-artinger.at

WEINGUT CLAUDIA
UND ERICH GIEFING
Hauptstraße 13
7071 Rust
Tel.: +43/(0)2685/379
giefing@wein-rust.at
www.wein-rust.at
www.weisswein.cc

WEINGUT LEO HILLINGER
Hill 1
7093 Jois
Tel.: +43/(0)2160/831 70
office@leo-hillinger.com
www.leo-hillinger.com

WEINGUT HIRSCH
Hauptstraße 76
3493 Kammern/Langenlois
Tel.: +43/(0)2735/24 60
info@weingut-hirsch.at
www.weingut-hirsch.at

WEINGUT FAMILIE
ANTON KOLLWENTZ
Hauptstraße 120
Büro & Verkauf: Gartengasse 4b
7051 Großhöflein
Tel.: +43/(0)2682/65 15 80
kollwentz@kollwentz.at
www.kollwentz.at

WEINGUT KRUTZLER
7474 Deutsch-Schützen 84
Tel.: +43/(0)3365/22 42
weingut@krutzler.at
www.krutzler.at

WEINGUT F. X. PICHLER
Oberloiben 27
3601 Dürnstein
Tel.: +43/(0)2732/853 75
winery@fx-pichler.at
www.fx-pichler.at

WEINGUT RUDI PICHLER
Marienfeldweg 122
3610 Wösendorf/Wachau
Tel.: +43/(0)2715/22 67
weingut@rudipichler.at
www.rudipichler.at

WEINGUT
FAMILIE PIRIWE
Wiener Straße 34
2514 Traiskirchen
Tel.: +43/(0)2252/559 88
weingut@piriwe.at
www.piriwe.at

WEINGUT ERWIN SABATHI
Pössnitz 48
8463 Leutschach
Tel: +43/(0) 3454/ 265
weingut@sabathi.com
www.sabathi.com

WEINGUT SCHLOSS
GOBELSBURG
Schlossstraße 16
3550 Gobelsburg
Tel.: +43/(0)2734/24 22
schloss@gobelsburg.at
www.gobelsburg.at

WEINGUT HEIDI SCHRÖCK
Rathausplatz 8
7071 Rust
Tel.: +43/(0)2685/229
heidi@heidi-schroeck.com
www.heidi-schroeck.com

WEINGUT JOHANN TOPF
Talstraße 162
3491 Strass
Tel.: +43/(0)2735/24 91
office@weingut-topf.at
www.weingut-topf.at

WEINGUT ERNST TRIEBAUMER
Raiffeisenstraße 9
7071 Rust
Tel.: +43/(0)2685/528
ernst@triebaumer.com
www.triebaumer.com

WEINGUT GÜNTER UND
REGINA TRIEBAUMER
Neue Gasse 18
7071 Rust
Tel.: +43/(0)676/724 87 97
weingut@triebaumer.at
www.triebaumer.at

WEINGUT TRUMMER
Pessaberg 26
8422 St. Nikolai/Draßling
Tel.: +43/(0)3184/24 26
office@weinbau-trummer.at
www.weinbau-trummer.at

WEINGUT UMATHUM
St. Andräer Straße 7
7132 Frauenkirchen
Tel.: +43/(0)2172/244 00
office@umathum.at
www.umathum.at

BRAUEREI

STIEGLBRAUEREI
ZU SALZBURG
Kendlerstraße 1
5017 Salzburg
Tel.: +43/(0)662/838 70
office@stiegl.at
www.stieglbrauerei.at

REGISTER

DANKE

Ich möchte mich bei meiner Familie für Rückhalt, Geborgenheit und Verständnis bedanken. Ganz besonderer Dank an meine Frau Petra, ohne deren Unterstützung und Mithilfe das heutige *Pfefferschiff* niemals entstanden wäre. Einen wesentlichen Teil zum Kochbuch und zur heutigen Restaurantlinie beigetragen haben mein Küchenchef Jürgen Vigne und seine Frau Iris. Danke auch an Martina Pöll, Konrad Schöppel, die Teams der *Rosenvilla* und des *Hotel Rathaus* sowie die gesamte *Pfefferschiff*-Mannschaft, Freunde, Geschäftspartner und die unten angeführten Produzenten. *Klaus Fleischhaker*

VILLEROY & BOCH GESCHIRR & PORZELLAN
Mayrwiesstraße 19
5300 Hallwang
Tel.: 0662/66 02 12-0

METZGEREI AUERNIG
Wiener Bundesstraße 16
5300 Mayrwies bei Hallwang
Tel.: 0662/66 13 39

TAUERNLAMMGENOSSENSCHAFT
Eschenau 11
5660 Taxenbach
Tel.: 06416/75 17

FLEISCHHAUER JÜRGEN FLEISCHHAKER
Roseggergasse 14
3812 Groß Siegharts
Tel.: 02847/35 01

GEMÜSEBAUER HAIML
Kirchengasse 11
5020 Salzburg
Tel.: 0662/44 06 29

BIOBÄUERIN CHRISTINE SEILER
Matzingweg 20
5300 Hallwang
Tel.: 0664/504 26 20

IMKER RUPERT LINDNER
Panoramaweg 5
5300 Hallwang
Tel.: 0662/45 66 81

BÄCKEREI LOIDL
Dorfplatz 3
5162 Obertrum am See
Tel.: 06219/63 26

FISCHEREI KAPELLER
Kapellerweg 9
5201 Seekirchen am Wallersee
Tel.: 06212/70 55

FISCHEREI SCHATTEINER
Wilhelm-Erben-Straße 29
5020 Salzburg
Tel.: 0662/433 73 90